智库中社

国家智库报告　2020（22）
National Think Tank

国际问题研究

世界能源中国展望
（2020）

王永中　田慧芳　等著

WORLD ENERGY CHINA OUTLOOK (2020)

中国社会科学出版社

图书在版编目(CIP)数据

世界能源中国展望.2020 / 王永中等著.—北京：中国社会科学出版社，2020.8

（国家智库报告）

ISBN 978 - 7 - 5203 - 6869 - 8

Ⅰ.①世… Ⅱ.①王… Ⅲ.①能源发展—研究报告—中国—2020 Ⅳ.①F426.2

中国版本图书馆 CIP 数据核字（2020）第 132453 号

出 版 人	赵剑英
项目统筹	王 茵
责任编辑	王 茵 周 佳
责任校对	赵雪姣
责任印制	李寡寡

出 版	中国社会科学出版社
社 址	北京鼓楼西大街甲 158 号
邮 编	100720
网 址	http://www.csspw.cn
发 行 部	010 - 84083685
门 市 部	010 - 84029450
经 销	新华书店及其他书店

印刷装订	北京君升印刷有限公司
版 次	2020 年 8 月第 1 版
印 次	2020 年 8 月第 1 次印刷

开 本	787×1092 1/16
印 张	12
插 页	2
字 数	120 千字
定 价	69.00 元

主要执笔人

王永中　　田慧芳　　魏　蔚　　万　军　　周伊敏

林　屾　　张　元　　王雪婷　　王晨曦　　刘淑伟

摘要： 当前全球能源格局正在发生显著变化。一方面，美国页岩气革命成功以及加拿大油砂大量开采，使得全球非常规油气迅猛发展，形成北美"非常规油气版图"与中东"常规油气版图"遥相呼应的世界化石能源供应新格局。但受世界经济增长放缓、贸易摩擦、地缘政治冲突等因素影响，全球能源市场短期风险上升。2019 年油气整体消费增速放缓，全球煤炭产业进入深度调整期，OPEC 和国际能源署更是多次下调全球原油需求增长预期。2020 年年初全球暴发的新冠肺炎疫情进一步给国际能源市场带来巨大冲击。全球原油需求大幅下降，叠加沙特和俄罗斯石油价格战，以及美国制裁伊朗的不断升级，布伦特原油现货价格在 2020 年 4 月 1 日跌至近 20 年来的最低。短期内油气需求的大幅下降必将加剧产油国之间争夺消费市场份额的矛盾和冲突。如果疫情能够在 2020 年下半年得到有效控制，世界经济和原油需求可能会得到部分修复，预计全球原油日需求量在 2020 年将会下降 1000 万桶左右，在 2021 年将会强劲反弹，增长 800 万桶左右，但比 2019 年低 200 万桶左右，在 2022 年恢复常态化增长，将比 2019 年增长 100 万桶左右，布伦特原油中枢价格在 2020 年将在 40 美元/桶左右震荡，2021 年可能反弹至 50 美元/桶左右。鉴于更多国家将天然气作为传统能源与清洁能源之间的过渡能源，预期未来 1—3 年，全球天然气市场将继续供给充足，管道天然气和液化天然气的贸易量将不断扩大。而中国、印度等亚太地区大国将是全球油气进口增长的主力军。另一方面，气候变化加速了全球能源供需结构的多元化调整，以高效、清洁、低碳、智能为主要特征的能源转型进程持续推进。2010—2018 年，全球太阳能光伏发电平准化度电成本（LCOE）大幅下降了近 80%，陆上风力发电下降 46%，海上风力发电下降 44%。2019 年光伏和风电成为许多国家新增电力装机中最便宜的两种发电形式。可再生能源电力成本下降的趋势可能持续到下一个十年。随着风电成本的持续降低，预计未来五年全球风电市场将平稳扩大，到 2040 年，风力发电将和光伏发电一样，在全球电力供给结构中占据更加重要的位置。

中国能源禀赋特点是"富煤、贫油、少气"，这决定了煤炭作为中国能源生产与消费主要来源的地位短期内不会改变。2019 年，中国能源政策着力增强能源有效供给，加快石油、天然气、电力和新能源领域关键环节的市场化改革的落实。能源生产稳中趋缓，油气增产、国内勘探开发取得重要进展以及中俄东线天然气管道建设，从战略层面提升了中国能源安全保障能力。能源消费结构进一步优化，尽管化石能源依然是供电的主要来源，但供电体系正向更加绿色、现代化、可持续能源体系逐渐转变。煤炭消费占初级能源消费比例在 2018 年首次降至 60% 以下。可再生能源装机占比持续提高，2019 年水电、核电、风电和太阳能发电占全部发电量的 27.7%。但由于政策变化和市场环境等因素的影响，光伏装机增速放缓。受全球跨境能源直接投资总体下降影响，2019 年中国对外能源直接投资规模也大幅下降，对外能源直接投资目的地主要集中在亚洲、拉美和北美地区。2020 年开局新冠肺炎疫情的快速蔓延给中国的交通运输、居民消费和企业生产经营造成巨大冲击，能源市场所受波及尤其明显。随着 3 月中下旬中国疫情的全面好转以及复工复产速度的加快，预计 2020 年第 2 季度后中国油气需求会有所回升，煤炭产量也将出现先抑后扬局面。未来几年，提高煤炭能源的清洁使用率和增加对可再生能源等清洁能源的使用比例，将是中国能源转型结构调整的主要方向。

第三部分分析了美国制裁伊朗对原油和经济的影响。美国暗杀伊朗将领苏莱曼尼事件曾引发了国际原油和金融市场震荡。鉴于美伊军事实力差距悬殊，未来双方关系很可能走向局部小规模冲突，不会发展升级为直接战争，且冲突地点很可能发生在叙利亚、伊拉克，远离原油生产和运输密集的海湾地区。美国严厉的经济制裁，显著加大了伊朗的经济和民生困难，导致伊朗政权和社会不稳定隐患明显增多。虽然美国制裁伊朗将会对国际原油价格产生显著影响，但这一影响是短期的和可控的，对于全球经济和金融市场的影响预计较小。美伊冲突对中国的影响主要是原油价格变动和原油供应安全问题。若伊朗因美国经济制裁陷入政局动荡，中国的利益受损将较大，不仅原油进口成本增加，原油供应中断风险上升，而且中国在伊朗的油气权益资产将严重受损。中国应密切关注事态发展，适当增加原油战略储备，加快推进原油进口多元化进程，加强提升中国原油供应和运输安全的能力建设。中国金融机构和企业需高度重视美国对伊朗追加制裁所引发的业务合规问题，避免再遭受美国制裁。

关键词：能源展望；世界；中国；美国制裁伊朗

Abstract: At present, the global energy pattern is undergoing profound changes. On the one hand, the successful shale gas revolution in the United States and the large-scale oil production from oil sands deposits in Canada have led to the rapid development of global unconventional oil and gas, forming a new pattern of global fossil energy supply, where the "unconventional oil and gas territory" in North America echoes with the "conventional oil and gas territory" in the Middle East. However, the short-term risks of global energy market have increased due to the slowdown of global economic growth, trade frictions, geopolitical conflicts and other factors. In 2019, the overall consumption growth of natural gas slowed down, and the global coal industry entered a period of deep adjustment. The Organization of Oil Exporting Countries (OPEC) and the International Energy Agency (IEA) lowered the growth expectation for global crude oil demand for many times. The COVID – 19 outbreak in early 2020 has exerted great impact on the international energy market. With the sharp decline of global crude oil demand, coupled with the oil price war between Saudi Arabia and Russia, and the escalating conflict between the U. S. and Iran, the spot price of Brent crude oil fell to its lowest level in recent 20 years on April 1, 2020. In the short term, the sharp decline of oil and gas demand will aggravate the contradiction and conflict between oil producing countries in competing for the share of consumption market. If the pandemic can be effectively controlled in the second half of 2020, the world economy and crude oil demand may recover to some extent. It is expected that the daily global crude oil demand will decrease by about 10 million barrels in 2020 and rebound strongly in 2021, with an increase of about 8 million barrels, which is still 2 million barrels lower than that in 2019. In 2022, it will resume normal growth, increase by about 1 million barrels compared with that in 2019. The central price of Brent crude oil will fluctuate around ＄40 ／ barrel in 2020 and may rebound to around ＄50 ／ barrel in 2021. As more and more countries are using natural gas as the transitional energy between traditional energy and clean energy, it is expected that the global natural gas market will continue to have sufficient supply in the next 1 – 3 years, and the trade volume of pipeline natural gas （PNG） and liquefied natural gas （LNG） will constantly increase. China, India and other Asia Pacific countries will be the main contributors of global oil and gas import growth. On the other hand, climate changes have accelerated the diversified adjustment of global energy supply and demand structure, and the energy transformation process featured by high efficiency, cleanness, low carbon and intelligence has been continuously promoted. During 2010 – 2018, the global levelized cost of energy (LCOE) of solar photovoltaic power generation dropped by nearly 80%, that of onshore wind power generation decreased by 46%, and that of offshore wind power generation decreased by 44%. In 2019, photovoltaic and wind power generation became the two cost-effective forms of power generation in many countries. The decreasing cost of renewable power generation is likely to continue into the next decade. With the continuous reduction of wind power cost, it is expected that the global wind power market will expand steadily in the next five years. By 2040, wind power will occupy a more important position in the global power supply structure just like photovoltaic power generation.

China's energy endowment is characterized by "rich in coal, poor in oil and gas", which determines that coal, as the main source of China's energy production and consumption, will still take a prominent position in the short term. In 2019, China issued energy policies to vigorously enhance the effective supply of energy and accelerate the implementation of market-oriented reforms in key processes of oil, natural gas, electricity and new energy fields. China has improved the capacity to guarantee energy security from the strategic level by realizing steady energy production, increasing oil and gas production, making significant progress in domestic prospecting and development, and constructing China-Russia East-Route Natural Gas Pipeline. The energy consumption structure has been further optimized. Although fossil energy is still the main source of power supply, the power supply system is gradually becoming more green, modern and sustainable. The proportion of coal consumption in total primary energy consumption decreased to 60% for the first time in 2018. The proportion of installed renewable energy plants constantly increased, and by 2019, hydropower, nuclear power, wind power and solar power generation accounted for 27.7% of the total power generation. However, the installation of photovoltaic power generation system witnessed slower growth due to policy changes, market environment and other factors. The scale of China's direct investment in foreign energy has also declined significantly in 2019 due to the impact of the overall decline of global direct investment in cross-border energy. China's foreign direct investment in energy was mainly concentrated in Asia, Latin America and North America. At the beginning of 2020, the rapid spread of the COVID – 19 exerted huge impact on China's transportation, residents' consumption, the production and operation of enterprises, especially those in the energy market. Since the middle and late March, the pandemic situation in China has been brought under effective control, and business resumption and production have been accelerated. It is expected that China's oil and gas demand will rebound after the second quarter of 2020, and the coal production will be restrained first and then increase. In the next few years, China's energy restructuring will focus on improving the clean utilization rate of coal energy and increasing the utilization rate of renewable energy and other clean energy.

The third part analyzes the U. S. - Iran conflict and its impact on crude oil and economy. The U. S. assassination of Iran's top general Qasem Soleimani triggered shocks in international oil and financial markets. In view of the disparity in military strength between the U. S. and Iran, the two sides are likely to have local small-scale conflicts in the future, which will not develop into a direct war, and the conflicts are likely to occur in Syria and Iraq, far away from the Gulf region where crude oil production and transportation are intensive. The severe economic sanctions imposed by the U. S. have posed significant difficulties to the economic development and people's life in Iran, resulting in an increase in the potential risks of political and social instability in Iran. The U. S. - Iran conflict may exert a significant impact on international crude oil prices in the future, but the impact may be temporary and controllable, and its impact on global economy and financial markets is expected to be small. For China, the U. S. - Iran conflict may pose fluctuation in crude oil price and security problems of crude oil supply. If Iran falls into political turmoil due to severe economic sanctions imposed by the U. S. , China's interests will be greatly undermined: The import cost of crude oil will increase, the risk of crude oil supply disruption may rise, and China's oil and gas equity assets in Iran will be seriously impaired. China should pay close attention to the development of the situation, appropriately increase the strategic reserves of crude oil, accelerate the process of diversified crude oil imports, and strengthen the capacity-building to maintain the safety of China's crude oil supply and transportation. Chinese financial institutions and enterprises need to attach great importance to the business compliance issues caused by the additional sanctions imposed by the U. S. on Iran, and avoid further sanctions imposed by the U. S.

Key Words: Energy Outlook, World, China, US' Sanctions on Iran

目　　录

一 世界能源形势与演变趋势

（一）引言

当前，全球能源格局正在发生显著变化。气候变化加速了全球能源供需结构的多元化调整，以高效、清洁、低碳、智能为主要特征的能源转型进程持续推进。继中东和俄罗斯之后，美国成为全球石油和天然气出口国，改变了传统的世界能源供应格局。世界经济增长放缓、全球贸易摩擦、地缘政治冲突、全球气候变化等因素加剧了全球能源发展的不确定性，世界能源贸易结构、消费结构和地缘政治结构都在发生动态变化。

传统能源生产国和消费国身份发生显著变化。美国页岩油气革命成功以及加拿大油砂大量开采，使得全球非常规油气迅猛发展，形成北美"非常规油气版图"与中东"常规油气版图"遥相呼应的世界能源供应新格局，极大地削弱了 OPEC 和俄罗斯对国际油气市场的影响力。2019 年下半年美国首次实现了 70 年来的原油和成品油净出口，液化天然气（LNG）的出口增量也位居世界第一，增速高达 66.4%，在全球 LNG 出口总量中占比达到 10%。① 从消费结构看，中国、印度等亚太地区大国成为全球油气进口增长的主力军，油气贸易东转移格局日渐显现。

能源地缘博弈升温。美国 2018 年 5 月退出伊核协议后全面重启对伊制裁。2020 年年初，美伊之间的争端再次升温，给中东地区带来了更多的不确定性。随着俄罗斯通过能源供给加强在欧洲国家的影响力，美国、俄罗斯、欧洲国家之间的地缘竞争也日趋复杂激烈。特朗普（Trump）最近签署的《2020 财年国防授权法案》，内容包括制裁参与修建俄罗斯向德国输气管道项目"北溪-2"的企业，这将使"北溪-2"以及俄罗斯向欧洲天然气的供应在未来面临难以预料的形势。而 2019 年针对油轮、油田设施的突发性地缘事件频发，包括 2019 年 5 月的阿曼海域遇袭事件及 9 月沙特阿拉伯石油设施遇袭事件等，导致全球特别是亚洲地区，面临的石油供应中断风险显著提高。

全球煤炭产业进入深度调整期。在履行《巴黎协

---

① 参考中国石油经济技术研究院发布的《2019 年国内外油气行业发展报告》。

定》要求和推进能源转型的双重背景下，发达经济体正在增加天然气和可再生能源在发电结构中的占比，煤炭产量自 2014 年开始加速下降，全球煤炭供给持续收缩。美国能源信息署（EIA）数据显示，2019 年美国煤炭消费总量比 2018 年下降 13%，创美国总统艾森豪威尔时代（Eisenhower era）以来 65 年的最大同比降幅。煤炭生产也比 2018 年下降 6.7%。报告预计 2020 年美国的煤炭消费和生产还将继续下降，幅度均高达 13%。欧洲煤炭协会（EURACOAL）的《2019 年第二期煤炭市场报告》数据也显示，2019 年欧盟地区煤炭消费量明显下降。但出于成本与资源的考虑，南亚和东南亚国家的需求上涨将使未来 5 年全球煤炭消费大体保持稳定。资本市场上，多家金融机构已宣布将逐步剥离化石能源业务。世界银行、欧洲复兴开发银行此前已宣布退出新建燃煤电厂项目的融资，并将加大对对抗气候变化相关项目的资助。2018 年 7 月爱尔兰主权财富基金战略投资基金（ISIF）宣布全面撤出化石燃料行业。欧洲投资银行将于 2021 年年底终止对化石燃料能源项目进行投融资，未来的投融资将加速清洁能源创新、能源效率和可再生能源的发展。亚洲基础设施投资银行（亚投行）也准备试行"全球绿色证书"制，将在实际操作中排除对燃煤电厂的融资。截至 2019 年年初，已有 30 多家全球性银行宣布停止为全球火力发电厂和（或）煤电项目提供融资，全球多家保险机构也表示将不再为高排放的煤炭项目提供保险服务。

全球对天然气的需求依然强劲增长，但2019年受各种因素影响，天然气贸易增速出现短期回调。2019年全球天然气消费同比增长3.5%，但相比于2018年5.3%的增长，增速放缓。一是受全球宏观经济疲弱影响，无论是美欧日等主要发达经济体还是多数的新兴经济体，经济增速均放缓。二是亚太地区主要国家能源政策出现调整。亚洲引领着全球天然气需求的增长，中国更是其中最具活力的市场。2019年中国经济面临下行压力，工业生产放缓从而导致下游天然气需求偏弱。"宜电则电、宜气则气、宜煤则煤"的采暖政策也减缓了短期内天然气需求的过快增长。日本则调整了其能源政策，目标是重启核电及煤电，使核电在2030年的电力结构中的占比能达到20%—22%。截至2019年4月，日本共9座核电站实现重启。韩国政府从2017年开始就积极推进能源转型，寻求油气的替代能源。2019年韩国出台"第三个能源基本规划（2019—2040）"，明确提出到2040年将可再生能源比重扩大到30%—35%，尽快缩减煤炭发电、逐步缩减核能发电比重，实现清洁、安全的能源组合。中、日、韩三国天然气需求趋缓，使得大量LNG流向欧洲市场。

全球可再生能源投资持续提升，海上风电投资创历史新高。得益于技术进步，可再生能源的成本竞争力日益增强，2010—2018 年，全球太阳能光伏发电平准化度电成本（LCOE）大幅下降了近 80%，陆上风力发电下降 46%，海上风力发电下降 44%。[①] 2019 年光伏和风电成为许多国家新增电力装机中最便宜的两种发电形式。根据 Bloomberg NEF 2020 年 1 月发布的最新数据，2019 年全球对可再生能源产能的投资达到 2822 亿美元，比 2018 年增长了 1%，其中风能（陆上和海上）以 1382 亿美元的全球市场领先，比 2018 年增长 6%，其次是光伏，投资规模为 1311 亿美元。根据世界海上风电论坛（WFO）的最新数据，截至 2019 年年底，全球海上风电累计装机容量 27.2GW，同比增长 24%，单年新增装机创历史新高。全球陆上风电新增装机量 53.2GW，同比增长约 13%。中国依然是可再生能源的最大投资国，但投资额有所下降，2019 年投资总额为 834 亿美元，为 2013 年以来的最低水平，其中风电投资增长了 10%，但太阳能下降了 33%。受联邦税收抵免政策的激励，美国成为可再生能源产能的第二大投资国，规模为 555 亿美元，较

---

① 参考国际可再生能源署 2019 年 5 月发布的《可再生电力发电成本 2018》。

2018 年增长 28%。可再生能源电力成本下降的趋势可能持续到下一个十年。

非洲能源投资前景可期。国际能源署（IEA）在《2019 年非洲能源展望》报告中表示，2019—2040 年，非洲需要累计 2.6 万亿美元的投资，以满足日益增长的能源需求。非洲正经历全球城镇化进程最快的阶段，预计到 2040 年，非洲总人口将增加 6 亿，占全球新增人口的一半。这些变化将推动非洲大陆的经济增长、基础设施的发展，从而带动能源需求的增长，预计能源需求将增长 60%。领先的太阳能和风能，2018 年年底太阳能和风能分别占非洲可再生能源装机容量的 13.2% 和 11.8%。非洲目前处于城镇化进程和工业化初始阶段，能源是关键领域。接通电力是非洲许多国家发展的当务之急，2/3 的撒哈拉以南非洲民众没有电力可以使用，而该地区的水能、太阳能、风能足够丰富，可以满足电力自给自足。

受新冠肺炎疫情和地缘政治博弈影响，未来全球能源市场短期风险上升。2020 年年初暴发的新冠肺炎疫情已经逐渐演变成一场史无前例的全球危机，随着新冠肺炎疫情在欧洲和北美的快速蔓延，全球经济和原油需求出现深幅衰退的风险大幅上升，HIS Markit 等机构甚至预测 2020 年 4—5 月的日原油需求量将下降 20%，达 2000 万桶。国际能源署预期 2020 年全球石油消费受新冠肺炎疫情影响，将出现 2009 年以来首次萎缩。美林银行预计 2020 年上半年全球原油消费量每天将减少 50 万桶以上。从供给层面看，在特朗普政府的介入下，全球主要产油国初步达成分阶段减产的协议，在 2020 年 5—6 月每日减产 970 万桶，在 7—12 月每日减产 800 万桶，在 2021 年 1—4 月每日减产 600 万桶。减产有利于减少原油库存，缓解供需失衡，维护全球原油市场的稳定。但 2020 年 3 月 6 日 OPEC + 与俄罗斯未就进一步减产 150 万桶/日的协议达成一致，沙特阿拉伯独自打出"降价 + 增产"的"组合拳"，使得本已面临需求疲软的全球原油市场遭遇供需侧的双重夹击，国际油价大幅下跌。从天然气的供给看，根据美国能源信息署（EIA）的最新预测，2020 年将有更多天然气生产项目上马，全球天然气市场或将呈现持续供应过剩的状态，天然气价格预计也会持续下跌。低油气价不仅影响大宗商品市场，对美国页岩油气市场也影响巨大。国际油价暴跌，最早受伤的是那些高成本的石油生产商，首当其冲的是页岩油气企业，尤其是规模较小、负债率较高的企业。评级机构惠誉预计，2020—2022 年美国页岩油气公司有接近 2000 亿美元的债务即将到期，因油价暴跌其债务评级已接近"垃圾级债券"。美国页岩油生产商是高收益债券市场的重要组成部分，如果其信贷状况继续恶化，将不可避免地对美股乃至整个金融系统的稳定性造成冲击。疫情还将减缓全球电力需求增长的速度，有可能导致煤电、气电、核电、可再生能源等各种发电技术之间竞争加剧。

　　未来中国的能源政策选择和进口需求，将对全球石油、天然气与煤炭贸易，以及投资产生巨大影响。在政府努力引导全民抗疫的过程中，中国的经济受到重创，能源进口需求急剧下降。石油需求在第 1 季度遭受的影响最大，同比下降了 180 万桶/日。2020 年第 1 季度中国大部分天然气接收站暂停接货，东北亚市场及中国近海有多船 LNG 现货闲置待售，市场供应过剩。中国石油、煤炭等企业受需求不振、价格承压、库存成本攀升等因素影响，现金流压力上升，生产经营面临困难。预计疫情结束后，中国中央和各级地方政府将相继出台刺激性措施，能源需求将有反弹式释放，但对全年能源消费影响有限，能源投资和生产可能下降。作为全球最大的电力市场，中国 2020 年电力需求有可能出现负增长，煤炭发电量将受到显著影响，可再生能源新增装机也会受到波及。

　　总体来看，全球能源消费已经开始由以石油为主要能源向多能源结构过渡转换。供给层面各化石能源的份额正出现显著变化，石油份额持续下降，天然气的份额则稳步上升。智能电网、需求响应和区块链等技术的发展正极大地改变消费者与供应商之间的关系。光伏技术成熟度的不断增加和成本显著下降，陆上和海上风电、碳捕集和存储技术、电池储存和非常规燃料提取技术的突破式发展，也将从根本上推动世界能源加快向多元化、清洁化、低碳化转型。疫情等"黑天鹅"事件对全球能源市场的影响是短期的，加速清洁能源转型以减轻气候变化风险依然是大势所趋。当前形势是对政府和企业承诺清洁能源转型的考验，疫情后政府的经济刺激计划如果能够更多聚焦在提高清洁能源转型的发展、部署和融合方面的大型投资上，包括太阳能、风能、氢能、储能和碳收集及保存，既可以刺激经济反弹，又可以加速清洁能源转型进程。

（二）世界化石能源发展现状与展望

2018 年全球化石能源产量增长率大幅超过 2007—2017 年的年均产量增长率。2018 年全球石油、天然气和煤炭产量分别为 4474 百万吨油当量、3326 百万吨油当量和 3917 百万吨油当量，年增长率分别为 2.16%、5.17% 和 4.31%。而 2007—2017 年，石油、天然气和煤炭的年均产量增长率分别为 1.02%、2.33% 和 1.29%。全球化石能源的一次能源消耗量为 11743 百万吨油当量，占一次能源消耗总量的 84.7%。相较于

2017 年，2018 年化石能源在一次能源消耗中的比重下降了 0.4% 。该下降主要源于石油和煤炭在一次能源消耗中比重的减少。2018 年石油和煤炭分别占一次能源消耗总量的 33.6% 和 27.2% ，比 2017 年分别减少 0.6% 和 0.4% 。2018 年天然气占一次能源消耗总量的比重由 2017 年的 23.3% 略增至 23.9% （见图 1—1）。

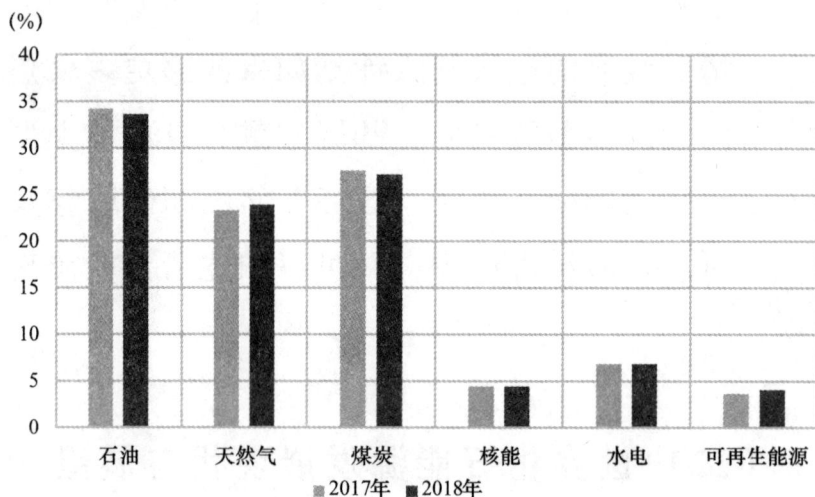

图 1—1　2017 年和 2018 年不同类型能源占全球一次能源消耗总量的比重

资料来源：2019 版《BP 世界能源统计年鉴》。

1. 石油

（1）2019 年全球原油市场供需增长减缓，供大于求趋势显现

2019 年，全球经济增速的放缓和贸易紧张局势的升级使石油需求有所下降。根据国际货币基金组织（IMF）的估计，2019 年全球经济增速为 2.9% ，是

2008 年国际金融危机以来全球经济增速的最低水平，发达经济体和主要新兴市场经济体发展增速普遍下降。发达经济体中，美国的 GDP 增速由 2018 年的 2.9% 下降为 2019 年的 2.3%，欧元区的 GDP 增速从 2018 年的 1.9% 下降为 1.2%，英国和加拿大的 GDP 增速分别进一步下降为 1.2% 和 1.5%，其他发达经济体增速也普遍下降。新兴市场和发展中经济体的整体经济增速也由 2018 年的 6.4% 下降为 5.9%，中国、印度和东盟等亚洲发展中经济体经济增速普遍有所下降，俄罗斯、沙特阿拉伯的经济增速分别由 2018 年的 2.3% 和 2.4% 下滑为 1.1% 和 0.2%，经济增速明显放缓。

全球经济增速的下滑影响了全球石油需求的增长。2019 年，随着世界银行、IMF 等机构多次下调世界经济增长预期，OPEC 和国际能源署也多次下调了全球原油需求增长预期。IEA 的数据显示，2019 年全球石油需求总量为 10015 万桶/日，相比 2018 年增长了 89 万桶/日，增速为 0.9%，低于 2018 年 1.1% 的增速。从需求结构来看，OECD 国家原油需求量为 4764 万桶/日，比 2018 年下降 22 万桶/日，其中北美石油需求基本不变；非 OECD 国家中石油需求量增幅最大的是中国，其 2019 年石油需求量为 1366 万桶/日，比 2018 年增长了 69 万桶/日。日本、韩国的石油需求均为负增长。

　　在全球原油需求增长下滑的背景下，OPEC＋联盟协议国减产协议的达成和良好执行对于稳定国际原油价格发挥了重要作用。不过，在 OPEC＋联盟内部，沙特阿拉伯和俄罗斯的利益诉求不一致。在全球经济增速的放缓带来短期需求下滑的背景下，以沙特阿拉伯为首的 OPEC 希望通过进一步的减产应对需求放缓带来的油价下跌，而俄罗斯等 OPEC＋协议框架内的非 OPEC 产油国则担忧减产协议会降低市场份额和政府收入，并对美国页岩油企业借 OPEC＋减产之机抢占国际市场份额深感不满。这给 OPEC＋减产协议带来了不确定性，为沙特阿拉伯和俄罗斯双方在 2020 年 3 月 6 日减产谈判破裂埋下了伏笔。

　　2019 年，OPEC 及俄罗斯等盟友（OPEC＋）减产协议执行率较高，对油价起到了重要的支撑作用，但是减产效果有所减弱。2018 年 12 月初，OPEC 和俄罗斯等非 OPEC 产油国达成了新的石油减产协议，随后 2019 年 7 月初又进一步将减产协议延长至 2020 年 3 月。OPEC 石油市场月报数据显示，2019 年 12 月 OPEC 减产执行率达 158%。IEA 于 2020 年 2 月公布的月度石油市场报告显示，2019 年 OPEC 的原油产量为 3550 万桶/日，比 2018 年削减了 188 万桶/日的产量，减产执行率达 158%，减产额占 OPEC 总日均产量的 5%。沙特阿拉伯、俄罗斯等 OPEC＋联盟产油国达成减产协议，以及减产执行率超出市场预期的利好消息，支撑了 2019 年上半年油价的上涨，使得 2019 年 5 月原油均价上涨至 70 美元/桶（见图 1—2），很大程度上稳定了油价。但减产协议难以抵消全球石油需求放缓和美国石油产量的稳步提升对油价产生的下行压力，下半年随着减产进入平台期，市场消化了减产协议带来的利好消息后，减产协议执行效果有所减弱。2019 年 12 月初，"OPEC ＋"组织再次公布新的减产安排，将原 120 万桶/日的减产幅度进一步提高为 170 万桶/日，但原油市场的反应未达预期，油价小幅上涨后再次下跌，也显示 OPEC 对于国际油价影响力有所减弱。除主动减产之外，受美国制裁的影响，伊朗和委内瑞拉两个减产豁免国家石油产

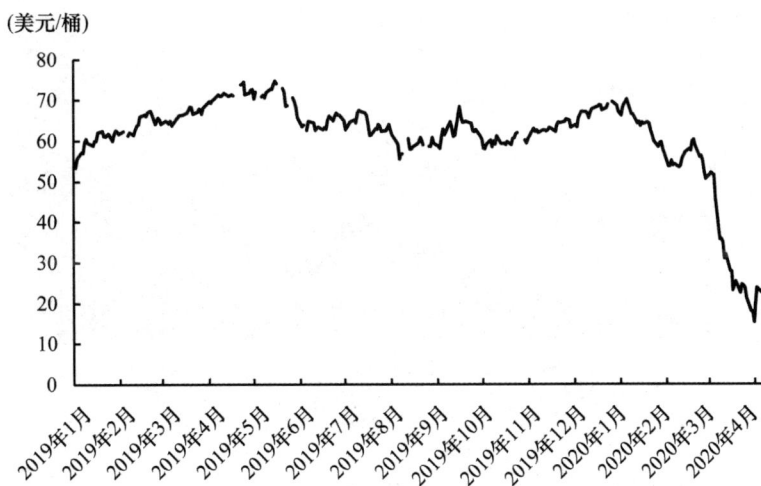

图 1—2　2019 年 1 月—2020 年 4 月布伦特原油现货价格

资料来源：Wind.

量和出口量也出现了大幅缩减，给各产油国通过 OPEC +
机制协调石油供应增加了难度。

2019 年，美国原油产量稳定增长，填补了 OPEC
国家减产造成的供应缺口，美国对国际石油市场的影
响不断增强。截至 2019 年年底，美国石油产量占全球
石油总产量的份额已经达到 19.3% （2018 年份额为
15%）。但伴随着原油价格的低位运行，2019 年美国
页岩油产量增速有所放缓。根据 EIA 公布的周度石油
数据，2019 年美国日均原油产量增速为 11.4%，低于
2018 年 17.5% 的增速。其中，页岩油产量增幅为 119
万桶/日，增速为 18.3%，相比于 2018 年 31.1% 的增

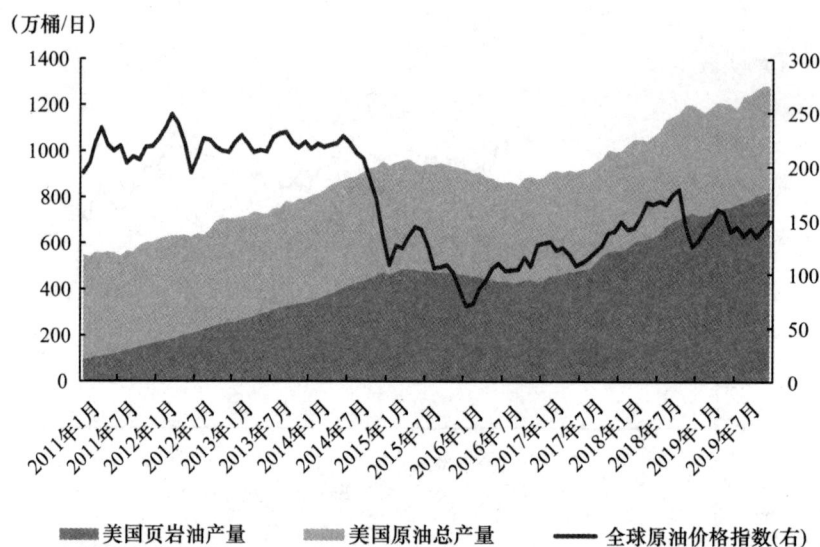

图 1—3　2011—2019 年美国原油产量、页岩油产量及全球油价指数

资料来源：美国能源信息署（EIA）、国际货币基金组织（IMF）。

速明显放缓。另据 EIA 2020 年 2 月公布的石油月报显示，2019 年美国原油平均日产量为 1223 万桶，其中页岩油日均产量为 770 万桶，占原油平均日产量的比重为 62.6%，较 2018 年的 59.0% 进一步提高 3.6 个百分点。从增量来看，2019 年美国原油日均产量较 2018 年增加了 125 万桶/日，增速为 11.3%，低于 2018 年 17.5% 的增速；而 2019 年美国页岩油日均产量较 2018 年增加了 119 万桶/日，增速为 18.3%，远低于 2018 年 31.1% 的产量增速。

（2）2020 年 OPEC 价格战和新冠肺炎疫情对全球油市造成双重打击

2020 年第 1 季度，新冠肺炎疫情全球暴发，叠加沙特阿拉伯和俄罗斯石油价格战，对国际石油市场的冲击前所未有。2020 年 4 月 1 日，布伦特原油现货价格甚至低至 15.35 美元/桶，为近 20 年以来的最低价格。

从需求端来看，尽管 2020 年 3 月中国在疫情控制上出现很大进展，但是疫情在欧洲和美国迅速蔓延，许多国家采取封城和关闭工厂等措施，全球航空客运量骤降，全球原油需求出现明显下降。美国、中国和欧盟是主要的原油需求方，且中国是原油需求增长的主要驱动力，占全球原油需求增长量的八成。国际能源署（IEA）大幅下调了原油需求量预测，其在 2020

(美元/桶)

图 1—4　2001 年 12 月—2019 年 12 月布伦特原油现货价格

资料来源：Wind.

年 2 月的《石油市场月报》中曾预测 2020 年需求增量为 82.5 万桶，在 3 月将需求增量下修至 -9 万桶，日均原油需求量将跌至 9990 万桶。这是十余年来的第一次。根据 IEA 的预测，中国在 2020 年第 1 季度限制交通、工业和商业活动的措施，导致其原油日需求量下降 180 万桶，而同期全球原油日需求量下降 250 万桶。IEA 还认为，在疫情得不到控制的极端情况下，全球原油日需求量将下降 73 万桶。鉴于目前疫情在全球蔓延的状况，IEA 显然低估了全球原油需求的下降量。尽管中国的原油需求会在 2020 年第 2 季度出现反弹，但欧美国家的需求会大幅下滑，而且全球经济衰退会影响中国的出口需求，拖累中国的经济和原油需求复苏。考虑目前美国和欧洲国家成为新冠肺炎疫情的

"震中"，一些国际投资银行预测，全球原油需求在2020年4—5月将下降20%—30%，即日均原油需求量将下降2000万—3000万桶。IEA在4月发布的《石油市场月报》中大幅下调了全球原油需求的预测值。根据该月报，2020年日均石油需求较上年减少930万桶，其中，4月日均石油需求同比减少2900万桶，跌至1995年的水平；第2季度石油需求较上年同期减少2310万桶；12月预计减少270万桶。

从供给端来看，价格战致使产油国出口收入下降，引发原油供给波动。需求下降凸显了全球原油供给过剩的现实，加剧了产油国之间争夺消费市场份额的矛盾和冲突。为缓解新冠肺炎疫情对于国际油价的负面冲击，沙特阿拉伯主张继续减产保价，而俄罗斯因担心丧失市场份额不愿意继续减产。在2020年3月6日的谈判失败后，沙特阿拉伯和俄罗斯开打价格战，均宣布从2020年4月起大幅（OPEC＋减产协议的终止日期为2020年3月底）增产，抢占市场份额，导致国际油价暴跌。过低的油价，不仅导致产油国的出口和财政收入减少，而且致使石油行业的勘探开发投资规模下降，部分较高成本的企业将因亏损而破产，从而影响未来的原油产能，不利于全球石油供应的稳定。

第一，低油价对沙特阿拉伯和俄罗斯的财政与经济承受力构成严峻挑战。沙特阿拉伯和俄罗斯的出口收入和财政收入均高度依赖石油行业。相比较而言，沙特阿拉伯的原油开采成本低，仅为 9 美元/桶，而俄罗斯成本达 19 美元/桶，处于不利地位，但俄罗斯经济多元化程度明显优于沙特阿拉伯，其财政预算平衡油价为 42 美元/桶，而沙特阿拉伯的财政预算平衡油价达 80 美元/桶。按目前布伦特原油 30 美元/桶的价格，沙特阿拉伯和俄罗斯 2020 年都将出现财政赤字。自 2014 年石油价格暴跌以来，沙特阿拉伯一直存在预算赤字。沙特阿拉伯在 2019 年的财政赤字率为 5.6%，受低油价的影响，其 2020 年的财政赤字率预计会大幅攀升。俄罗斯 2019 年的预算盈余率为 1.8%，由于当前油价与预算平衡油价差额较大，预计 2020 年其财政预算将由盈余转为赤字。

沙特阿拉伯和俄罗斯均有较为充足的官方外汇资产，可在短期内为油价暴跌引起的出口收入下降提供缓冲。2019 年，沙特阿拉伯的官方外汇资产约 1.4 万亿美元，其中外汇储备 5000 亿美元，主权财富基金 9000 亿美元；俄罗斯的官方外汇资产 7300 亿美元，其中外汇储备 5800 亿美元，主权财富基金 1500 亿美元。显然，从资金实力角度看，沙特阿拉伯比俄罗斯更能承受低油价。尽管有充足的外汇储备作为缓冲，但沙特阿拉伯和俄罗斯要想在较长时间内经受住低油价的考验，除应削减财政开支外，还要举借更多的外债。

沙特阿拉伯经济过度依赖石油，而油市低迷导致投资意愿降低，外部融资成本将升高。俄罗斯经济发展受制于美国制裁和不稳定的地缘政治因素，企业在国际市场融资将继续受到严格限制。

对于沙特阿拉伯和俄罗斯而言，价格战的一个潜在好处，是打击以美国页岩油为代表的其他国家石油产业，迫使一些高成本企业因亏损而离开市场，以提高其在供应端的地位，并在未来通过提价来增加原油出口收入，弥补当前的出口收入下降。但这取决于美国页岩油产业对于低油价的调整能力。总体上看，价格战使沙特阿拉伯和俄罗斯两败俱伤，市场份额和供应地位的提升带来的潜在收益，要远低于油价暴跌带来的出口和财政收入下降的损失。

第二，价格战加剧美国页岩油气行业的财务和资金困境。实际上，在原油价格战和新冠肺炎疫情暴发之前，大部分美国页岩油气企业已难以盈利。根据穆迪的数据，北美油气公司到2024年将面临2000亿美元的到期债务，其中2020年的到期债务额达400亿美元。此次的价格战进一步加剧了页岩油气产业危机。油价暴跌导致美国大多数页岩油气企业面临着财务亏损。据测算，美国页岩油平均收支平衡价格在40美元/桶左右，仅有埃克森美孚、雪佛龙、西方石油和Crownquest四家页岩油气钻探公司的新井成本可以保持在 31 美元/桶的水平。相较于 2014 年 OPEC 增产导致的油价暴跌，美国页岩油气行业目前面临的困难更大，主要原因在于此次冲击来源于需求侧。尽管页岩油气公司可利用金融市场对冲工具规避短期风险，但全球经济正面临衰退风险，叠加疫情在全球传播的影响，页岩油气行业投资将出现收缩，页岩油产量将出现下降。此外，尽管特朗普政府提出了一系列挽救国内页岩油气产业的措施，但在实际执行上将会受到来自民主党的阻力，且这些措施并不能解决美国页岩油气产业所面临的根本问题。

第三，价格战所导致的增产和降价，对依赖石油出口获取税收和外汇的国家造成严重伤害。由于财政高度依赖石油，价格战对产油国的经济影响将立即显现。产油国通常以上年布伦特原油的中枢价格为基础来制定下一年的财政预算。鉴于 2019 年布伦特原油均价为每桶 64 美元，许多海湾国家基于 55—60 美元/桶的油价区间，制定了 2020 年财政预算。目前油价远低于预算平衡价格，预期这些产油国的财政赤字将显著增加。而且，新冠肺炎疫情的蔓延将进一步限制其经济活动，加剧其财政困难。因此，一些非洲、中东和南美洲政治和经济较为脆弱的石油生产国，将面临严重经济困难，如经济衰退、出口和财政收入下降、财政赤字上升和汇率贬值等。

俄罗斯和沙特阿拉伯的价格战，加上疫情下全球石油需求的断崖式下跌，原油价格在 2020 年第 1 季度下跌了 2/3，已降至近 20 年来的最低水平。在全球需求明显萎缩的背景下，原油价格将会持续处于低位，这会对美国页岩油等生产成本较高的油气企业构成重大的负面影响，这些企业将会被迫削减投资，部分企业将因亏损而退出市场，这将不利于未来原油产能的稳定。在新冠肺炎疫情大流行和全球经济衰退导致石油需求大幅下降的背景下，原油需求价格弹性低，低油价并不能导致石油需求明显上升，从而，价格战不利于沙特阿拉伯、俄罗斯和美国三大供应国的利益，在美国的调停下，沙特阿拉伯和俄罗斯返回谈判桌。4 月 2 日，美国总统特朗普表示希望沙特阿拉伯和俄罗斯双方削减石油供应。沙特阿拉伯则呼吁召开石油生产国紧急会议，同时，俄罗斯能源部部长也表示，俄罗斯可能会重新参加减产谈判。此外，巴西、挪威、加拿大等产油国也有可能加入产油国减产的行列。这会对油价起到支撑作用。若沙特阿拉伯和俄罗斯不能达成减产协议，美国为保护页岩油气产业的利益，放话要对进口原油加征关税，这显然不是沙特阿拉伯、俄罗斯所希望看到的结果。要稳定油价，沙特阿拉伯、俄罗斯、美国等产油国在短期内需要削减日产量 1000 万桶，沙特阿拉伯和俄罗斯需要承担最多的减产份额，美国国际石油公司将会参与减产。

4月13日，沙特阿拉伯、俄罗斯等全球主要产油国初步达成分阶段减产的协议，在2020年5—6月每日减产970万桶，在2020年7—12月每日减产800万桶，在2021年1—4月每日减产600万桶。其中，沙特阿拉伯和俄罗斯两国的减产以每日1100万桶为基准，而其他国家的减产则以各自2018年10月的产量为基准。其中，沙特阿拉伯和俄罗斯均减产250万桶/日，日产量降至850万桶。考虑到OPEC＋达成的970万桶减产规模不是以2020年4月的产量为衡量基准，而是一个一致同意的基线产量（an agreed baseline level），如沙特阿拉伯、俄罗斯的基线产量为1100万桶，其他国家的基线产量为2018年10月的产量。在4月，在没有减产协议的约束，甚至开打价格战的背景下，OPEC＋的原油产量显然将创历史新高。因此，若相对于4月的产量而言，这一减产协议的实际或有效减产规模为1070万桶。

在本轮减产安排上，俄罗斯承担了更多的减排责任。沙特阿拉伯在2018年、2019年的原油日产量分别为1033万桶、980万桶，而俄罗斯的原油日产量依次为1149万桶、1158万桶。沙特阿拉伯的基线产量高于其2019年的产量，而俄罗斯的产量基本稳定。若按照2018—2019年平均产量计算，沙特阿拉伯、俄罗斯的日产量约为 1000 万桶、1150 万桶，这意味着实际上沙特阿拉伯减产 150 万桶/日，俄罗斯减产 300 万桶/日。当然，在以往的减产协议上，沙特阿拉伯做出了较大的贡献，减产较多。这也是沙特阿拉伯的原油产量低于俄罗斯的一个重要原因。从而，在本轮减产安排上面，沙特阿拉伯的利益得到了一定程度的照顾，俄罗斯做出了较大的让步和贡献。

美国页岩油企业事实上已经加入减产行列。与沙特阿拉伯国家石油公司、俄罗斯石油公司属于国有企业不同，美国石油企业是私人企业，政府虽缺乏干预企业产量的机制，但油价下跌会通过市场机制导致企业自主减产。但投资者普遍认为，减产规模明显小于需求萎缩幅度，且减产机制落实难度较大，油价在上涨 8% 之后可能会出现明显回调。

（3）国际原油市场走势分析

作为最具战略性、基础性的大宗商品，原油兼具商品、金融和地缘政治多重属性，国际原油市场形势和油价走势取决于供需、地缘政治和货币金融因素。

从需求端看，原油需求取决于全球经济形势，目前新冠肺炎疫情是影响原油需求最大的因素。此次新冠肺炎疫情对石油市场影响持续时间判断难度较大。与过去的疫情相比，新冠肺炎疫情的不确定性要高得多。2020 年 4 月，欧洲国家，如意大利、西班牙和法国，进入疫情的严重阶段；美国新冠病毒感染病例已超过33万例，且尚未发现疫情达到峰值的迹象。更为严峻的是，在许多新兴市场和低收入经济体，新冠肺炎疫情才刚刚开始被关注。根据约翰·霍普金斯大学（Johns Hopkins University）汇编的数据，截至2020年4月6日，全球已有1348628人感染了COVID-19，其中74834人死亡。随着全球新冠肺炎确诊病例的持续增加，预计新冠肺炎疫情的不确定性水平仍将很高，危机何时结束尚未可知。只有疫情得到控制，世界各国的贸易和交通活动才能逐步得到恢复，原油需求才能恢复至正常的水平。

在目前欧美疫情继续发展蔓延的情形下，欧美的原油需求呈断崖式下跌，尽管中国的原油需求将会随着复工复产步伐的加快而得到快速修复，但全球原油需求大幅下跌不可避免。IMF在2020年4月发布的《世界经济展望报告》中指出，全球经济增长正在遭遇20世纪30年代大萧条以来最为严重的冲击，并以疫情在下半年得到有效控制为条件，对2020年的全球经济增长预测值作了史上最大幅度的下调，由前期的3.3%降至-3%，下调了6.3个百分点，2021年全球经济将强劲反弹，预计同比增长5.8%。发达经济体2020年经济增速为-6.1%，2021年将反弹至4.5%，其中美国在2020年、2021年的经济增速分别

为 -5.9% 、4.7% 。新兴经济体 2020 年的经济增速为 -1% ，2021 年将恢复至 6.6% ，其中，中国在 2020 年、2021 年的经济增速依次为 1.2% 、9.2% 。IMF 认为，如果疫情在下半年未能得到有效遏制，全球经济在 2020 年、2021 年将分别萎缩 6% 、2.2% 。基于当前的全球经济形势，我们预计全球原油日需求量在 2020 年 2—3 月会下跌 400 万桶左右，在 4—6 月可能会下降 2000 万桶左右，下半年需求会随疫情改善，但预计较上年仍会减少 1000 万桶，全年日需求量将下降 1000 万桶左右，2021 年日石油需求量将会出现强劲的恢复性增长，比 2020 年增长 800 万桶，但仍比 2019 年的日需求量低 200 万桶，2022 年日需求量恢复常态化增长，将比 2019 年增长 100 万桶。

在国际油价暴跌的情形下，一些主要原油进口国利用低油价的时机增加战略储备有助于减缓原油需求的下滑。中国、印度、韩国和美国等国已实施或考虑增加原油战略储备。据 IEA 的估计，2020 年第 2 季度，原油储备增加可能消化吸收 200 万桶/日的产量。例如，中国在国内原油储备能力趋于饱和的情形下，在国际期货市场购买了一些原油，以锁定低价格，降低原油进口成本。2020 年 1—2 月，中国原油进口额同比大增 16.7% ，其中对沙特阿拉伯原油的进口量同比增长 26% 。显然，在国内原油消费大幅下降的情形下，中国原油进口增加将会导致原油库存和储备上升。

从供给端看，原油供给主要受产油国产能和地缘政治因素的影响。国际原油供应基本由以沙特阿拉伯为首的 OPEC、俄罗斯和美国掌控，三者的博弈将在很大程度上主导原油供应格局。在 OPEC + 达成减产协议、美国和加拿大的油气企业将通过价格机制调整产量的情形下，原油供应量将会削减。根据 IEA2020 年 4 月发布的《石油市场月报》，在 OPEC + 达成历史性减产协议后，2020 年 5 月的原油日产量削减量将达创纪录的 1200 万桶/日。在 OPEC + 之外的产油国中，美国和加拿大的减产力度估计最大。2020 年第 4 季度，OPEC + 之外的国家减产力度预计达 520 万桶/日，全年减产额度预计为 230 万桶/日。同时，油价下跌会导致成本较高的非常规油气企业减产。IEA 预计未来几个月美国页岩油和加拿大油砂产量可能减少350 万桶/日。另外，低油价导致能源企业的营业收入下降，利润减少或亏损上升，将会削减勘探开发和生产性投资，会导致未来的原油产量下降。IEA 预计，2020 年油气勘探和生产企业的全球资本支出将较 2019 年下降约 32%，跌至 3350 亿美元，为 13 年以来的最低水平。

从货币金融角度看，原油价格走势会与国际金融市场表现高度相关。油价波动关系着原油期货投资和能源板块的业绩与市场价值，从而影响着股票市场指数的涨落，进而反作用于能源行业的投融资活动。当前，油价经过暴跌之后已处于低位，继续下跌的空间较小，油气企业处于估值洼地，这给油气行业提供了较多的投资机会。同时，原油价格与其计价和结算货币——美元的汇率呈反方向变动。在金融危机时期，美元通常扮演避险货币功能，需求旺盛、供给短缺、汇率升值；而在金融市场稳定时期，则需求下降、汇率贬值。因此，在金融危机时期，油价会因美元升值而下跌，而在金融稳定时期，油价会因美元贬值而上升。2020年，在全球经济和金融市场大幅波动的情形下，美国企业需要召回海外资本以缓解资产抛售和流动性不足问题，导致全球美元供应短缺，美元将维持强势地位。这显然加大了国际油价下跌的压力。2021年，随着全球经济形势的好转，金融市场趋于平稳，美元将会贬值，这将推动原油价格上涨。

总体上看，预计新冠肺炎疫情在2020年下半年将会逐步得到抑制，世界经济和原油需求将会反弹，全球股票市场价格指数会得到部分修复，全球原油日需求量在2020年将会下降1000万桶，在2021年将会强劲反弹，增长800万桶，在2022年恢复常态化增长，将比2019年增长100万桶，布伦特原油中枢价格在

2020 年将在 40 美元/桶左右震荡，2021 年可能反弹至 50 美元/桶左右。

2. 天然气

2018 年全球天然气探明储量为 33.26 亿吨油当量（38679 亿立方米），其中 OECD 国家天然气探明储量为 12.23 亿吨油当量，占比 36.8%；非 OECD 国家天然气探明储量为 21.03 亿吨油当量，占比 63.2%。

2019 年全球天然气产量增速放缓。2019 年，全球天然气产量为 4.11 万亿立方米，较上年上升 3.4%，低于 2018 年 5.2% 的增速。美国天然气生产增量为 690 亿立方米，对全球产量增量的贡献超过 50%；产量达到 9300 亿立方米，位居全球第一，占全球比重超过 20%。但受美国国内需求增速下滑影响，美国天然气产量增速由 2018 年的 9.6% 下滑至 6.3%。

2019 年全球天然气整体消费增速有所放缓，主要源于美国和亚太地区主要天然气消费国消费增速放缓，而欧洲地区天然气进口量暴增，库存水平临近上限。与 2018 年 5.3% 的天然气消费增速相比，2019 年全球天然气消费增速降为 3.5%。其中，美国消费量为 8732 亿立方米，增幅为 2.8%，明显低于其 2018 年消费增幅（11.0%）。2018 年，受冬季极寒和连续降温降雨天气影响，美国 1—4 月天然气消费比上年同期增长了 15%，而 2019 年冬季，美国气温相对温和，未出现极端天气，1—4 月天然气消费增幅仅为 3%，全年消费走势相对平稳，增速大幅回落。2019 年，中国、日本、韩国天然气消费合计 4689 亿立方米，占亚太地区天然气消费总量的半数以上。中国受环保因素推动，天然气消费同比增长 9.4%，但受经济增速放缓和煤改气推进速度放慢的双重影响，天然气消费增速与 2018 年的 17.7% 相比明显减低。日本和韩国由于替代能源发展，天然气消费量分别下降了 6.3% 和 5.6%，降至 1142 万立方米和 480 万立方米。受亚洲 LNG 需求减弱、市场供给过剩以及天然气价格持续走低等因素影响，2019 年欧洲天然气进口大幅增长，库存增加 205 亿立方米，比 2018 年库存增量增长了 107%。

在未来很长一段时间内，天然气将继续在新兴发展中国家能源转型中扮演重要角色，推进发展中国家向低碳能源系统转型，而在发达国家能源体系中，天然气份额将逐渐被可再生清洁能源取代，进一步实现发达国家能源去碳化。未来 1—3 年，预期全球天然气市场将继续供给充足的状况，天然气价格走势将取决于由全球经济状况改变而引起的需求变化。近期，IMF 预计受新冠肺炎疫情影响，全球经济已经并将继续受到严重影响。2020 年全球经济将陷入负增长，衰退程度至少与 2008 年金融危机时相当，甚至更加严重，但

IMF 预计 2021 年经济会复苏。天然气市场将随着全球疫情的逐步好转而恢复。鉴于天然气市场属于区域性市场，且大量天然气交易采取长期协议价的方式，现货市场的比重相对较小，从而全球经济大幅下滑对天然气市场的影响程度远低于原油市场。东亚地区的 LNG 进口价格和原油价格是挂钩的，油价的大幅下降会降低中国、日本和韩国的 LNG 进口成本。

3. 煤炭

2018 年全球煤炭探明储量为 10548 亿吨，其中 OECD 国家煤炭探明储量为 4997 亿吨，占比 47.4%；非 OECD 国家煤炭探明储量为 5551 亿吨，占比 52.6%。如图 1—5 所示，OECD 国家煤炭资源主要集中在美国和澳大利亚，合计占比达 37.7%；非 OECD 国家的煤炭资源主要集中在俄罗斯、中国和印度，合计占比为 38%。此外，2018 年全球煤炭探明储量中，烟煤和无烟煤储量为 7349 亿吨，占比 69.7%；亚烟煤和褐煤储量为 3199 亿吨，占比 30.3%。

2018 年全球煤炭产量较 2017 年增加了 1.62 亿吨油当量，至 39.17 亿吨油当量，增幅为 4.31%。OECD 国家煤炭总产量相比 2017 年下降了 1.2%，而非 OECD 国家产量则上涨了 5.9%。如图 1—6 所示，产量全球排名前十的非 OECD 煤炭生产国，如美国、

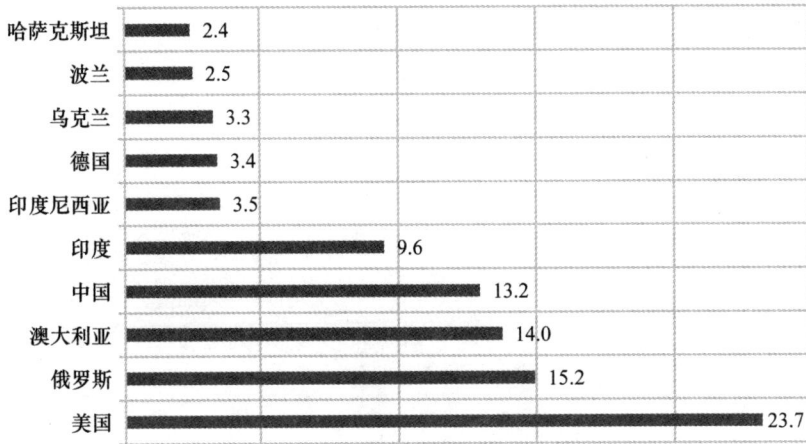

图 1—5 2018 年全球煤炭探明储量排名前十的国家占总探明储量比重（％）

资料来源：2019 版《BP 世界能源统计年鉴》。

德国和波兰等 OECD 国家的产量相比 2017 年有所下降，而中国、印度、印度尼西亚、俄罗斯等非 OECD 国家产量相比 2017 年有所增长，其中增幅最大的是中国，煤炭产量比 2017 年增加了 0.82 亿吨油当量，其次是印度尼西亚，煤炭产量比 2017 年增加了 0.51 亿吨油当量。

2018 年全球煤炭消耗前十的国家排名与 2017 年相同，但 OECD 国家煤炭消费普遍下降，而非 OECD 国家煤炭消费增长。2018 年全球煤炭消费较 2017 年增加了 0.54 亿吨油当量，至 37.72 亿吨油当量，增幅为 1.44％。OECD 国家煤炭总消耗量为 8.61 亿吨油当量，相比 2017 年下降了 3.54％；而非 OECD 国家煤炭总消耗量为 29.11 亿吨油当量，上涨了 3.02％。OECD 国家中，美国和德国的煤炭消耗量相比 2017 年分别下

(亿吨油当量)

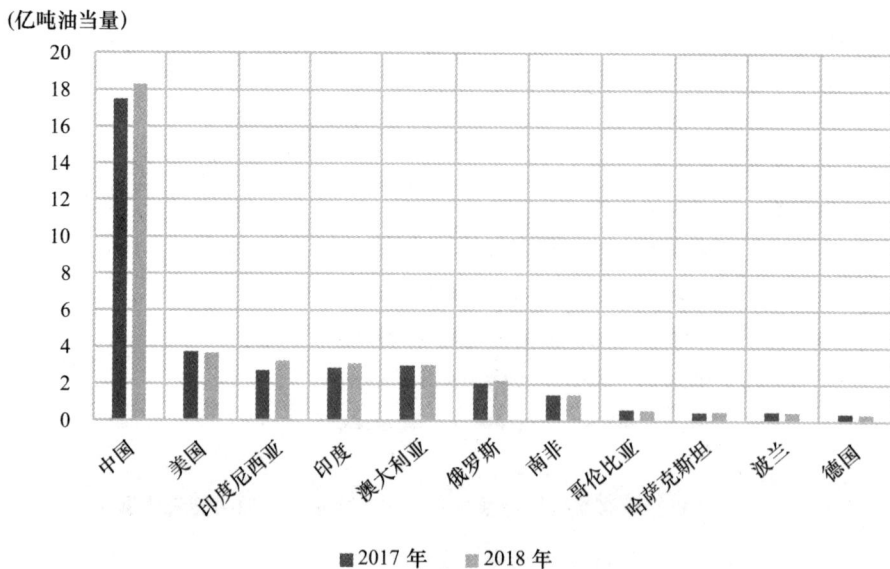

图 1—6　2017 年和 2018 年全球煤炭产量排名前十的国家

资料来源：2019 版《BP 世界能源统计年鉴》。

降了 0.14 亿吨油当量和 0.05 亿吨油当量；非 OECD
国家中，中国、印度、印度尼西亚、俄罗斯煤炭消耗
量相比 2017 年分别增长了 0.16 亿吨油当量、0.36 亿
吨油当量、0.04 亿吨油当量和 0.04 亿吨油当量（见
图 1—7）。

2018 年全球煤炭总发电量为 10100 太瓦时（TWh
或万亿瓦时），较 2017 年增长了 3.0%。全球煤炭发
电量超过 1000 太瓦时的国家包括美国、中国和印度，
这三个国家的煤炭发电量分别为 1245.8 太瓦时、
4732.4 太瓦时和 1176.3 太瓦时，分别占全球煤炭发
电量的 12.3%、46.9% 和 11.6%。与 2017 年相比，中
国和印度的煤炭发电量分别增长了 6.5% 和 5.2%，成

(亿吨油当量)

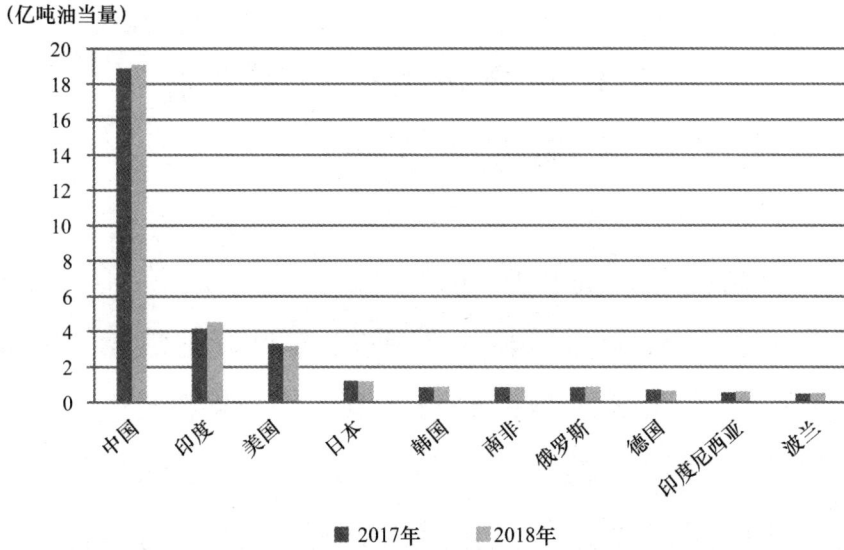

图1—7 2017年和2018年全球煤炭消耗量排名前十的国家

为拉动煤炭发电需求增长的主力。受页岩气革命的影响，美国煤炭发电量减少了4.9%，但相较于2007—2017年的年均减幅（5.0%），2018年美国煤炭发电量下降幅度减小。

预计到2025年，全球煤炭需求将继续保持稳定，OECD国家煤炭消耗减量将被非OECD国家煤炭消耗增量抵消。EIA认为，由于美国电力部门对煤炭的需求减少以及美国出口在全球市场上的竞争力下降，2019年美国煤炭总产量较2018年下降8%。中国是全球最大的煤炭消耗国，但在能源转型的政策引导下，预期中国煤炭需求增速将逐步减缓。

（三）世界可再生能源发展
现状与展望

以高耗能、高排放和高污染为特征的传统经济发展方式已经对全球可持续发展构成严峻挑战，向低能耗、低排放和低污染的经济发展方式转型已经成为许多国家的共识。推动能源结构转型，不断优化能源结构，积极发展以光伏太阳能和风能为代表的可再生能源，促进经济社会的可持续发展，已成为近年来世界主要经济体制定能源政策的共识。

1. 光伏太阳能

（1）全球光伏市场发展总体平稳

全球光伏市场在经历了连续数年的快速发展后，2018 年增速趋于平稳。21 世纪可再生能源政策网络（the Renewable Energy Policy Network for the 21st Century）提供的数据显示，[①] 2018 年全球光伏市场新增装机容量首次超过 100GW，略高于上年的 99GW。累计装机容量则达到了 505GW，累计装机容量同比增幅约为 25%，略低于 2017 年的 29% 和 2016 年的 33%。

---

① 如无特别注明，本章资料主要来源于 REN21, Renewables 2019, Global Status Report。

从投资规模上看，2018 年全球太阳能光伏的总投资额为 1397 亿美元，较 2017 年的 1610 亿美元减少 22%，在全球可再生能源投资中所占比例也从 2017 年的 57% 下降到 48%。尽管新增装机容量较上年略有增长，但技术进步使得光伏电站的建设成本一路走低，光伏发电项目的总投资也相应减少，从而导致光伏总投资规模的下降。

从新增装机规模来看，中国在 2018 年继续保持全球第一，全年完成了 45GW 的新增装机，但较上年的 53.1GW 出现了明显下降，其新增装机容量占全球新增装机容量的比重也从 2017 年的 54% 降至 2018 年的 45%，这主要是由于光伏补贴退坡的影响。2018 年印度的新增装机容量约为 10.8GW，位列全球第二位。美国市场基本保持稳定，新增装机容量为 10.6GW，略低于印度。日本 2018 年新增装机容量为 6.5GW，同比下降了约 13%。作为欧盟最大的光伏市场，2018 年德国的装机容量增加了约 3GW，较 2017 年的 1.7GW 增长了 70%。

从累计装机容量来看，中国仍是全球光伏累计装机容量最大的国家，达到了 176GW；美国则继续保持全球第二的位置，总装机量约为 62.4GW；日本、德国分别以 56GW、45GW 的累计装机容量排在第三、第四位；印度光伏市场近年来出现了迅速的扩张，截至

2018 年年底，其累计装机容量已达到 32.9GW，跻身全球第五。

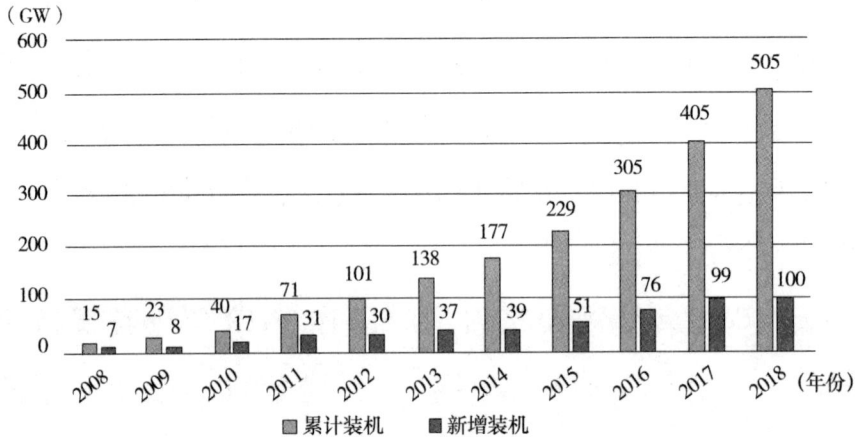

图 1—8　2008 年以来全球光伏装机容量的变化

资料来源：REN21，Renewables 2019，Global Status Report.

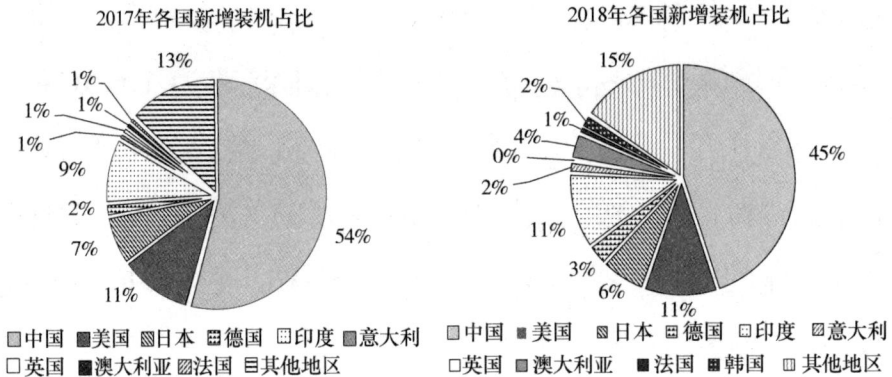

图 1—9　2017 年和 2018 年主要国家光伏新增装机容量的全球占比比较

资料来源：REN21，Renewables 2019，Global Status Report.

（2）美日市场增速回落，欧洲市场强劲复苏

美国和日本作为全球第二和第三大光伏市场，近

年来其新增和累计装机容量一直位居世界前列，但由于受到国内政策和建设环境的影响，2018年两国光伏市场增速均出现了不同程度的下滑。美国累计装机容量在2017年首次超过日本，但由于联邦政府对进口太阳能电池和组件征收了新的关税，美国的新增装机容量出现了轻微的下滑。在光伏上网补贴持续退坡以及土地稀缺、电网制约、劳动力成本高昂等因素的共同作用下，日本光伏装机容量连续三年下降，2016—2018年日本新增装机容量同比下降幅度分别为20%、13%和13%。

欧洲光伏市场在经历了前两年短暂的低迷后，在2018年迎来了强劲复苏。2018年年底，欧盟取消了对中国太阳能电池板的惩罚性关税，使价廉物美的中国太阳能电池组件得以大规模重返欧洲市场，这也降低了欧洲光伏电站的整体成本，进一步推动了光伏发电成本的下降。欧盟对碳排放限制的日益严格，也加快了太阳能光伏应用的步伐。技术进步使光伏产品价格继续下降，进一步激发了对太阳能光伏的需求。整个欧洲在2018年新增装机容量为9.7GW，较之于2016年的5.7GW和2017年的6GW，有了明显的上升。从各国新增装机规模来看，主要得益于大中型商业设施自用光伏系统需求的增加，2018年德国实现了约3GW的增长，较上年增长了约76%。荷兰的表现也很突出，全年实现了 1.4GW 的增量。紧跟其后的是法国（0.9GW）、乌克兰（0.7GW）和意大利（0.4GW）。从累计光伏装机容量来看，德国、意大利、英国和法国在全球装机容量前十名的国家中占据四席。

（3）发展中国家光伏市场成长迅速

随着发展中国家经济的增长，能源供求矛盾也日益突出。这些国家普遍具有发展太阳能光伏的天然优势，因而近年来光伏市场发展迅速。2018 年，中国、印度、墨西哥和土耳其进入全球新增光伏装机规模的前十名，它们在全球新增装机规模中的占比分别为 45%、11%、3% 和 2%，这四个国家合计占据了全球光伏装机新增量的半壁江山。印度位居亚欧大陆南部，纬度较低，光照丰富，是中国之外光伏产业发展最快的发展中国家。2018 年印度新增装机容量为 10.8GW，名列世界第二；从 2016 年开始，印度累计装机容量的全球排名每年上升一个位次，2018 年累计装机容量已达到 32.9GW，位居全球第五。印度的光伏应用以大规模电站为主，虽然印度政府在推动分布式光伏的发展方面实施了一系列扶持政策，但分布式光伏所占比例仍然较小。印度光伏市场的高速发展也带来了高弃光率的问题，部分地区由于电网限制，弃光率高达 10%—25%，使光伏发电产生的大量电力被白白浪费。

2018 年亚非拉地区的光伏市场都取得了长足的进

展。中东和非洲地区全年新增装机量约为 2.6GW，累计装机量达到 6.7GW。屋顶光伏发电成为一些中东和北非国家的重点发展领域。拉丁美洲作为全球太阳能资源最为丰富的地区之一，太阳能光伏的发展势头也很明显。2018 年墨西哥新增装机容量为 2.7GW，新增装机容量位居拉美地区首位，累计装机容量达到 3.4GW。智利新增装机容量达到 0.5GW，总装机量约为 2.6GW。作为拉美最大的经济体，巴西的新增装机容量约为 1.1GW，累计装机容量达到 2.3GW。这三个拉美光伏大国的发展重点有所区别，墨西哥和智利装机容量的增加主要得益于大型光伏电站项目的建设，而分布式光伏在巴西的新增装机容量中占据了近 40%。

（4）技术创新步伐加快，行业成本持续下降

持续的技术进步推动着光伏行业的技术变革，降低生产成本、提高转换效率依然是光伏技术创新的方向。随着金刚石线切割工艺逐渐替代砂浆切割工艺，硅片生产中的非硅成本大幅降低。黑硅技术已经成为量产高效多晶电池的标配，PERC 技术也开始在单晶电池领域普及。其他一些新型高效电池的出现，意味着光伏行业正在孕育着更大的技术变革。持续的技术进步进一步降低了光伏发电的成本。根据国际可再生能源署 2019 年发布的《2018 年可再生能源发电成本报告》，结晶硅价格下降使得光伏装机成本不断下行，全球公用事业光伏电站加权平均装机成本从 2017 年的 1389 美元/千瓦降低至 2018 年的 1210 美元/千瓦，降幅达 13%。持续降低的光伏组件价格和系统成本也导致光伏发电的成本继续下降，2010—2018 年，全球加权平准化度电成本下降幅度高达 77%。2018 年全球平准化度电成本已经下降至 0.085 美元/千瓦时，比 2017 年又降低了 13%。预计到 2020 年全球加权平均度电成本将降至 0.045 美元/千瓦时，在各国将于 2020 年兴建的大规模光伏项目中，83% 的项目电价将会比火力发电还要便宜。

2. 风电

（1）全球风电市场总体保持平稳

2018 年全球风电市场延续了近年来稳定发展的态势。从 2014 年以来，除个别年份以外，全球新增装机容量基本保持在 50GW 左右，2018 年全球新增装机规模 51GW，较上年的 53GW 略有下降。除中美两国新增装机量出现显著增长外，世界主要发电大国新增装机均出现明显下降。全球风电累计装机容量达到了 591GW。中国成为全球第一个累计风电装机容量超过 200GW 的国家，2018 年达到了 210GW；美国风电总装机量约为 96.5GW，居全球第二；德国、印度分别以 59.3GW、35.1GW 的累计装机容量排在第三、第四位；西班牙、英国和法国的风电装机规模在全球排名中分列第五至第七名，其累计装机容量分别为23.5GW、21GW 和 15.3GW。

从投资规模上看，作为可再生能源投资的两大支柱之一，2018 年全球风电总投资规模为 1341 亿美元，同比增长 2%。其中，海上风电投资达到了 246 亿美元，较上年增加 7%。由于全球光伏投资规模有所下降，风电投资在全球可再生能源投资中所占比例由2017 年的 38% 增加到 46%，达到历史最高水平。

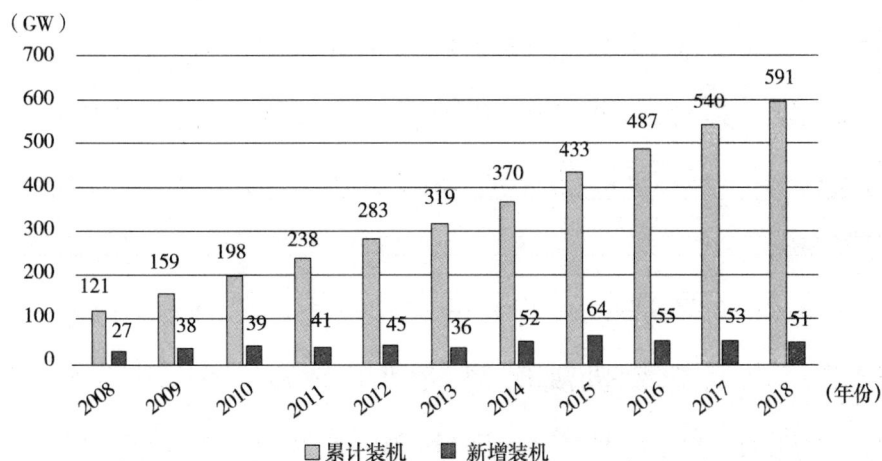

（GW）

图 1—10　2008 年以来全球风电装机容量的变化

资料来源：REN21，Renewables 2019，Global Status Report.

（2）风力发电已成欧美国家重要的电力来源

近年来，欧美国家的风电发展开始步入快车道。2018 年北美风电市场增长明显。美国新增装机容量为

7.6GW，比2017年增长了8%。美国风电的迅速发展得益于政策扶持和技术进步。近年来，美国通过税收政策的调整来鼓励风电产业的发展，实施了风力发电项目生产税减免（PTC）政策，并延长了投资税收抵扣（ITC）政策期限，促进了风力发电规模的不断扩大。目前风电已经成为美国最便宜的电力来源之一，风电上网合同价格已低于2美分/千瓦时。风力发电占美国发电总量的比重也在不断提升，从2017年的6.3%上升到了2018年的6.6%。加拿大地广人稀，风力资源丰富，具有发展风电的天然优势。2018年加拿大风电新增装机容量约为0.6GW，较2017年几乎翻番，累计装机量也达到了12.8GW。截至2018年年底，风力发电量已经能够满足加拿大全国电力需求的6%。

欧盟曾经是全球最大的风电市场，2017年欧盟各国的风电新增装机规模曾经创下高点，但2018年增速出现了明显下降。2018年欧盟新增装机约为10.1GW，其中陆上装机新增7.4GW，海上装机新增2.7GW。与2017年相比，欧盟新增装机量减少了35%，这主要是因为风电大国德国和英国的新增装机规模出现了大幅下降，两国新增装机规模分别为3.4GW和1.9GW，均不及2017年的一半。欧盟对电力监管政策进行了调整，并逐步引入项目招标和拍卖制度，改变了原有的项目开发和核准流程，使产业发展速度有所放缓。但欧盟累计风电装机规模很大，2018 年风电总装机容量为 178.8GW，其中陆上总装机容量为 160.3GW，海上装机为 18.5GW。随着累计装机规模的增长以及风力发电价格的下降，风电在欧盟电力来源中的占比不断提高，2018 年风力发电已占到欧盟年度用电量的 14%。

（3）发展中国家风电市场潜力巨大

随着风电设施成本下降以及各国对于实现能源多样化需求的日益迫切，许多发展中国家的风电装机规模在 2018 年出现了明显增加。非洲和中东国家大多具有发展风电的资源禀赋，风电市场成长很快，2018 年新增装机容量约为 1GW，同比增幅约为 50%，累计装机容量已经超过 5.7GW。拉丁美洲和加勒比地区新增装机容量约为 3.4GW，比 2017 年增长了 18% 以上，累计装机容量已经达到 25.6GW，拉美经济大国巴西和墨西哥的新增风电装机量都进入了当年的全球前十名。印度是仅次于中国的亚洲第二大风电市场，近年来印度经历了风电装机的快速发展，但由于土地和电网能力的限制，以及开始实施竞争性拍卖机制的影响，2018 年新增装机增速出现明显下滑，新增装机容量为 2.2GW，较上年下降了近 50%，但印度的累计装机规模仍稳居全球第四位。总体而言，由于发展风电的自然条件比较优越，发展中国家的风电市场仍然具有很大的发展空间。

（4）风电机组日趋大型化，风电成本持续下降

为了降低成本，增加发电量，风电机组制造正日益呈现出大型化的趋势。大兆瓦风电机组具有更长的叶片、更高的轮毂以及额定功率更大的发电机，能够减少机位点，降低土地占用、塔筒、基础、集电线路等费用，缩短项目施工周期，大幅度降低项目成本，提升项目的投资回报率，因而越来越受到市场的青睐。根据国际可再生能源署（IRENA）的数据，[①] 2010 年以来全球陆上和海上风电装机成本和发电成本均呈下降趋势。从装机成本来看，2018 年陆上和海上风电装机成本与 2010 年相比，降幅分别为 35% 和 21%，其中陆上风电装机成本持续下行，从 2010 年的 0.084 美元/千瓦时降至 2018 年的 0.055 美元/千瓦时，而海上风电装机成本的变化则有起有伏，但也从 2010 年的 0.159 美元/千瓦时降至 2018 年的 0.126 美元/千瓦时。风力发电成本则呈现出大幅下降的趋势，2018 年陆上和海上风电平准化度电成本分别为 0.055 美元/千瓦时和 0.126 美元/千瓦时，较 2017 年分别下降了 14% 和 0.8%。

---

① 资料来源于 IRENA，Renewable Power Generations Costs in 2018。

（美元/千瓦时）

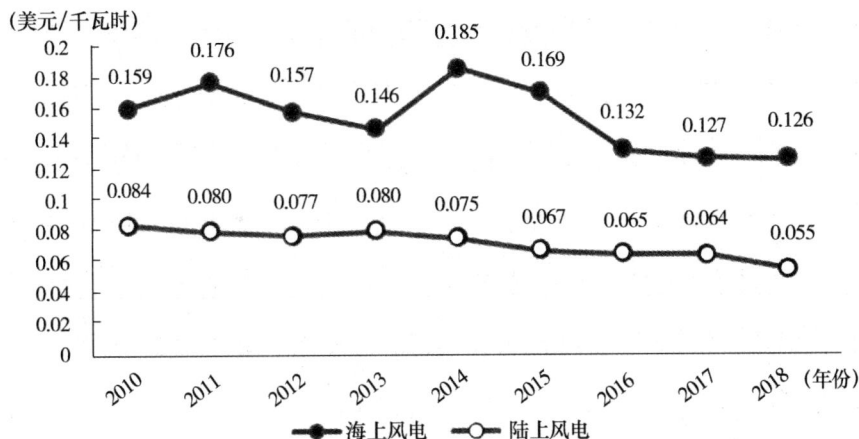

图1—11　全球风力发电成本变化

资料来源：IRENA，Renewable Power Generation Costs in 2018.

3. 可再生能源

麦肯锡公司发布的《全球能源展望2019》认为，随着生产和服务行业的电气化程度不断提升，世界电力需求将稳步提高，预计到2050年全球电力需求将比2019年增加一倍以上。[①] 但在目前的电力供给结构下，要想满足不断增长的全球电力需求，必然会导致碳排放量的持续增加，对全球气候产生不可逆转的消极影响。因此，《巴黎协定》要求发达国家和发展中国家承担共同但有区别的责任，更好地应对全球气候变暖的问题。作为既可再生又清洁的能源，光伏太阳能和风能有着巨大的发展前景。

[①] 参考 McKinsey 发布的 Energy Insights Global Energy Perspective 2019：Reference Case Summary。

对于全球可再生能源的发展前景，BP 公司表达了乐观的预期。根据其发布的《BP 世界能源展望 2019》，在渐进转型情境下，可再生能源发电量的年均增长率将达到 7.6%，占全球新增发电量的 2/3，到 2040 年将成为全球最大的电力来源。近年来，随着各国的政策鼓励和技术进步的推动，全球光伏产业发展很快，光伏太阳能在各国能源结构中的地位不断提升。BP 公司认为，得益于发电成本的持续降低，到 2040 年，太阳能光伏发电量也将扩大近 10 倍，达到全球总发电量的 12%。国际能源署（IEA）则预测，[①] 到 2040 年，可再生能源发电在全球电力结构中的占比将从 2019 年的 25% 增长到约 40%。光伏太阳能累计装机容量在 2030 年左右会超过水电，2040 年前会超过煤电。在 IEA 看来，在不同的情景下，全球光伏产业将实现不同程度的发展。在现行政策情境下，预计到 2025 年、2030 年和 2040 年，全球光伏太阳能的装机容量将分别达到 1008GW、1290GW 和 1951GW，全球光伏太阳能发电量将分别达到 1334TWh、1782TWh 和 2956TWh，到 2040 年时光伏太阳能发电量在可再生能源电力消费中占比将达到 21%。在新政策情境下，预计到 2025 年、2030 年和 2040 年，全球光伏太阳能的装机容量将分别达到 1109GW、1589GW 和 2540GW，全球光伏太阳能发电量

---

① 参考 IEA 发布的 World Energy Outlook 2018。

将分别达到 1463TWh、2197TWh 和 3839TWh，到 2040 年时光伏太阳能发电量在可再生能源电力消费中占比将达到 23%。在可持续发展情境下，预计到 2025 年、2030 年和 2040 年，全球光伏太阳能的装机容量将分别达到 1472GW、2346GW 和 4240GW，全球光伏太阳能发电量将分别达到 1940TWh、3268TWh 和 6409TWh，到 2040 年，光伏太阳能发电量在可再生能源电力消费中占比将达到 26%。

　　风电相对于化石能源的价格优势是推动全球风电市场迅速扩张的主要因素。国际能源署（IEA）根据近年来全球风电发展的基本态势，对未来的全球风电发展趋势也进行了预测。在现行政策情境下，预计到 2025 年、2030 年和 2040 年，全球风电累计装机容量将分别达到 891GW、1066GW 和 1345GW，全球风电发电量也将分别达到 2151TWh、2668TWh 和 3679TWh，到 2040 年，风电发电在全球可再生能源电力消费中的占比将达到 27%。在新政策情境下，预计到 2025 年、2030 年和 2040 年，全球风电累计装机容量将分别达到 953GW、1250GW 和 1707GW，全球风电发电量也将分别达到 2304TWh、3157TWh 和 4690TWh，到 2040 年，风电发电在全球可再生能源电力消费中的占比将达到 28%。在可持续发展情境中，预计到 2025 年、2030 年和 2040 年，全球风电累计装机容量将分别达到 1122GW、1712GW 和 2819GW，全球风电发电量也将分别达到 2707TWh、4355TWh 和 7730TWh，2040 年风电发电量在可再生能源电力消费中的占比将达到 31.4%。BP 公司也认为，随着风电成本的持续降低，到 2040 年，全球风电发电量将扩大至少 5 倍，风力发电将和光伏发电一样，在全球电力供给结构中占据更加重要的位置。

全球风能理事会（GWEC）发布的《2018 年全球风能报告》，将关注点聚焦于全球风电市场的短期发展。报告认为，当前全球风能市场年均增长率约为 2.7%，政府政策支持是促进当前风电市场发展的重要因素。GWEC 对短期内全球风电的发展保持乐观态度，2018 年预测 2019—2023 年全球风电市场仍将平稳扩大，全球风电新增装机将超过 300GW，2020 年将迎来全球风电装机的又一个高峰。2019—2023 年，全球海上风电装机将逐步扩大。欧洲将继续在风电领域处于较为领先的地位，亚洲和北美地区将成为海上风电装机的主要增长点，海上风电装机占风电总装容量的比重将由 2018 年的 8% 增加到 2023 年的 22%。

表 1—1　　　2018 年对 2019—2023 年全球风电新增装机容量的展望　（单位：GW）

	2019 年	2020 年	2021 年	2022 年	2023 年
新增装机容量	65.4	66.8	61.4	65.1	58.7
海上新增装机容量	6.6	4.9	8.3	9.9	10.1
陆上新增装机容量	57.6	60.6	49.2	52.3	47.2

资料来源：GWEC，Global Wind Report 2018.

　　虽然可再生能源拥有广阔的发展前景，但突如其来的新冠肺炎疫情重创了全球可再生能源的发展。这主要体现在两个方面：一是对全球供应链的影响。随着新冠肺炎疫情在全球范围内的蔓延，中国、德国、日本等世界主要制造业大国均遭受严重冲击。随着各国相继实施了停工停产和居家隔离政策，可再生能源设备供应链的重要生产环节都受到不同程度的影响，中国生产的太阳能电池及组件和欧洲生产的风力涡轮机都难以做到及时供货，大批在建项目不得不延期。二是对可再生能源需求的影响。疫情蔓延使全球油气需求锐减，再叠加沙特阿拉伯和俄罗斯之间的利益冲突，导致全球油气价格持续暴跌，廉价而充足的油气供应在短期内将降低对可再生能源的现实需求；在全球经济下行的背景下，电力需求的萎缩对可再生能源的持续投资也会产生不利的影响。这些因素都将制约可再生能源的发展空间。各国为提振经济纷纷出台了大规模的经济刺激政策，但这些政策多半着眼于救济居民家庭和中小企业，可再生能源项目很少被顾及。尽管疫情冲击使全球可再生能源发展面临着短期的困难，但由于可再生能源在减少温室气体排放、促进生态经济发展方面具有无可替代的作用，随着疫情在世界各国逐步得到有效控制，可再生能源仍将迎来新的发展机遇。

（四）世界能源贸易及跨境投资形势与展望

1. 能源贸易

（1）石油

2018 年，欧洲、中国和美国石油进口在全球占比较大，合计超过 50%；中东（不含沙特阿拉伯）、俄罗斯和沙特阿拉伯石油出口占比较大，接近 50%。分国别或地区看，2018 年美国、欧洲、中国、印度、日本石油进口占比分别为 13.9%、21.2%、15.5%、7.3%、5.5%，其中欧洲进口占比最大。美国、俄罗斯、沙特阿拉伯、中东（不含沙特阿拉伯）、亚太石油出口占比分别为 10%、12.8%、12%、22.5%、10.6%，其中中东（不含沙特阿拉伯）出口占比最大。

中国和印度石油进口增速较快，美国石油出口增速最快。2007—2017 年，美国、欧洲、中国、印度、日本石油进口年均增速分别为 - 2.9%、0.3%、9.4%、5.4%、 - 1.9%，其中中国进口增速最快。美国、俄罗斯、沙特阿拉伯、中东（不含沙特阿拉伯）、亚太石油出口年均增速分别为 15.1%、1.4%、0.3%、2.9%、2.5%，其中美国出口增速最快。2018 年，美国、欧洲、中国、印度、日本石油进口增速分别为 - 2.2%、2.9%、7.8%、5.6%、 - 4.8%，其中中国进口增速最快。美国、俄罗斯、沙特阿拉伯、中东（不含沙特阿拉伯）、亚太石油出口增速分别为 21.7%、2.0%、2.6%、 - 0.6%、 - 2.5%，其中美国出口增速最快。如表 1—2 所示。

表 1—2　　　　　　　　　　全球石油贸易

	贸易量（万桶/日）		增长率（%）		占比（%）
	2017 年	2018 年	2018 年	2007—2017 年	2018 年
进口					
美国	1015	993	- 2.2	- 2.9	13.9
欧洲	1470	1512	2.9	0.3	21.2
中国	1024	1104	7.8	9.4	15.5
印度	495	522	5.6	5.4	7.3
日本	414	394	- 4.8	- 1.9	5.5
出口					
美国	586	713	21.7	15.1	10.0
俄罗斯	898	916	2.0	1.4	12.8
沙特阿拉伯	833	855	2.6	0.3	12.0

	贸易量（万桶/日）		增长率（%）		占比（%）
	2017 年	2018 年	2018 年	2007—2017 年	2018 年
中东（不含沙特阿拉伯）	1618	1609	−0.6	2.9	22.5
亚太	772	753	−2.5	2.5	10.6
进（出）口总量	6963	7134	2.5	1.9	100.0

注：中东不包括沙特阿拉伯，亚太不包括日本。

资料来源：2019 年 BP 世界能源统计数据库。

随着一些国家国内油气资源的开发，自给率上升，全球石油进口需求可能会有所下降，与此同时，主要产油国为了保持油价稳定，可能会进一步削减产量，从而影响贸易总量。在低油价的背景下，全球石油贸易价值量将持续走低。受新冠肺炎疫情影响，当前全球原油需求大幅下降，预计 2020 年全球石油贸易总量将会明显下滑。预计到 2021 年全球石油贸易总量会出现强劲反弹，但仍明显低于 2019 年的水平，2022 年的石油贸易规模将会恢复常态化增长。

（2）天然气

亚太和欧洲的液化天然气进口在全球占比较大，超过 90%；亚太和中东液化天然气出口占比也较大，接近 60%。分区域看，2018 年北美、拉美、欧洲、中东和非洲、亚太液化天然气进口占比分别为 2.2%、3.4%、16.6%、2.9%、74.9%，其中亚太进口占比最大；美洲、欧洲和独联体国家、非洲、中东、亚太液化天然气出口占比分别为 11.6%、8.5%、12.5%、29.2%、38.2%，其中亚太出口占比最大。

拉美和亚太液化天然气进口增速较快，欧洲和独联体国家液化天然气出口增速最快。如表 1—3 所示，2007—2017 年，北美、拉美、欧洲、亚太液化天然气进口年均增速分别为 −9.1%、27.9%、1.8%、6.3%，其中拉美进口增速最快；美洲、欧洲和独联体国家、非洲、中东、亚太液化天然气出口年均增速分别为 6.6%、64.6%、−1.2%、7.3%、5.6%，其中欧洲和独联体国家出口增速最快。2018 年，北美、拉美、欧洲、中东和非洲、亚太液化天然气进口增速分别为 5%、7.6%、9.6%、−41.3%、13.4%，其中亚太进口增速最快。分国家来看，2018 年加拿大、巴西、比利时、中国、巴基斯坦的液化天然气进口增速超过 30%。2018 年，美洲、欧洲和独联体国家、非洲、亚太液化天然气出口增速分别为 37.2%、56.4%、−3.4%、2.5%、5.8%，其中欧洲和独联体国家增速最快。分国家来看，2018 年美国、俄罗斯、埃及液化天然气出口增速超过 50%。

表1—3　　　　　　全球液化天然气（LNG）贸易

	贸易量（十亿立方米）		增长率（%）		占比（%）
	2017 年	2018 年	2018 年	2007—2017 年	2018 年
进口					
北美	9.2	9.6	5.0	-9.1	2.2
拉美	13.5	14.5	7.6	27.9	3.4
欧洲	65.3	71.5	9.6	1.8	16.6
中东和非洲	21.4	12.5	-41.3		2.9
亚太	284.6	322.8	13.4	6.3	74.9
出口					
美洲	36.5	50.1	37.2	6.6	11.6
欧洲和独联体国家	23.4	36.6	56.4	64.6	8.5
非洲	55.8	54.0	-3.4	-1.2	12.5
中东	122.7	125.8	2.5	7.3	29.2
亚太	155.4	164.5	5.8	5.6	38.2
进（出）口总量	393.9	431.0	9.4	5.4	100.0

资料来源：2019 年 BP 世界能源统计数据库。

　　作为传统能源与清洁能源之间的过渡能源，全球天然气需求总体上将会持续增长。随着 LNG 贸易的便利度和可接受度不断提升，以及多个跨境天然气运输管道的建成通气，全球天然气贸易量将会进一步扩大。2020 年，受新冠肺炎疫情影响，预计全球天然气贸易量将出现大幅下降。全球天然气贸易量预计在 2021 年会出现强劲反弹，在 2022 年恢复常态化增长。

（3）煤炭

2018 年，欧洲、中国和印度的煤炭进口在全球占比较大，超过 50%；澳大利亚和印度尼西亚煤炭出口占比较大，超过 50%。分国别或地区看，2018 年欧洲、中国、印度、日本的煤炭进口占比分别为 17.4%、17.1%、16.5%、13.9%，其中欧洲进口占比最大；美国、俄罗斯、南非、澳大利亚、印度尼西亚煤炭出口占比分别为 7.7%、15.9%、5.7%、29.0%、25.7%，其中澳大利亚出口占比最大。

中国和印度煤炭进口增速较快，印度尼西亚、俄罗斯和美国煤炭出口增速最快。2007—2017 年，欧洲、中国、印度、日本煤炭进口增速分别为 -1.5%、16.5%、15.1%、0.2%，其中中国进口增速最快；美国、俄罗斯、南非、澳大利亚、印度尼西亚煤炭出口增速分别为 6.1%、5.9%、2.1%、4.3%、6.0%，其中美国出口增速最快。从短期增速来看，2018 年欧洲、中国、印度、日本煤炭进口增速分别为 6.9%、4.6%、25.5%、-1.0%，其中印度进口增速最快；美国、俄罗斯、南非、澳大利亚、印度尼西亚煤炭出口增速分别为 10.9%、13.0%、-12.8%、7.4%、14.1%，其中印度尼西亚出口增速最快。如表 1—4 所示。

表1—4 全球煤炭贸易单位

	贸易量（百万吨油当量）		增长率（%）		占比（%）
	2017 年	2018 年	2018 年	2007—2017 年	2018 年
进口					
欧洲	139.9	149.6	6.9	−1.5	17.4
中国	140.1	146.5	4.6	16.5	17.1
印度	113.0	141.7	25.5	15.1	16.5
日本	120.9	119.7	−1.0	0.2	13.9
出口					
美国	59.7	66.3	10.9	6.1	7.7
俄罗斯	120.5	136.2	13.0	5.9	15.9
南非	56.4	49.2	−12.8	2.1	5.7
澳大利亚	232.2	249.4	7.4	4.3	29.0
印度尼西亚	193.1	220.3	14.1	6.0	25.7
进（出）口总量	806.6	858.8	6.5	3.8	100.0

资料来源：2019 年 BP 世界能源统计数据库。

随着一些国家对煤炭生产的环境规制政策强度的提升，全球煤炭贸易量可能将会进一步扩大。与此同时，在全球经济持续低迷和衰退的情形下，产能过剩的国家可能减少对焦煤的进口需求。预计 2020 年全球煤炭贸易量将因新冠肺炎疫情而大幅下降，2021 年全球煤炭贸易总量将实现报复性强劲反弹，2022 年将会恢复常态化增长。

2. 能源跨境直接投资

在世界经济放缓和全球跨境直接投资规模大幅下降的背景下，全球能源跨境投资额显著下跌。全球对外能源直接投资规模先由 2017 年 3060.7 亿美元略升至 2018 年的 3079.8 亿美元，增幅为 0.6%，后大跌至 2019 年 2540.2 亿美元，降幅达 17.5%，但其占全球对外直接投资的份额由 2017 年的 17.4% 降至 2018 年 14.2%，在 2019 年微升至 14.6%（见图 1—12）。

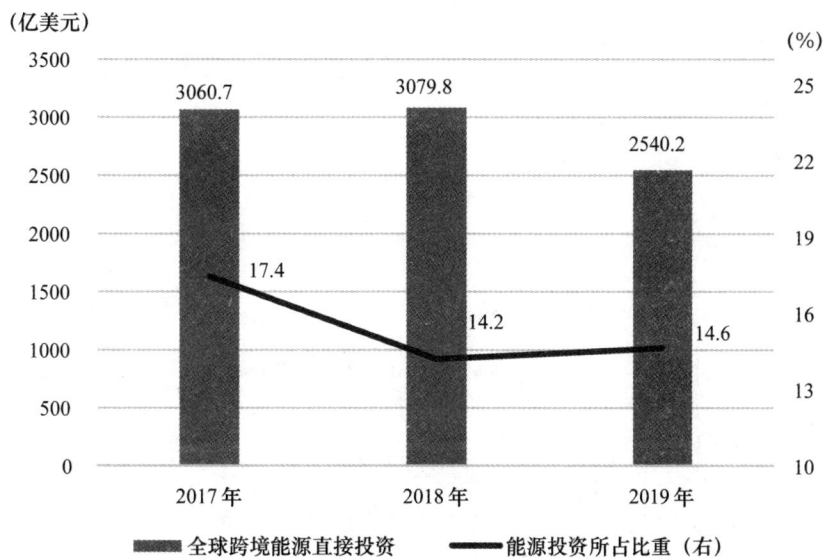

图 1—12　2017—2019 年全球跨境能源直接投资的规模及比重

资料来源：Dealogic、FDI Intelligence 数据库。

从投资方式来看，2017—2019 年，全球能源并购投资额持续下降，绿地投资规模稳定上升。2017 年，全球跨境能源并购投资规模为 1946.4 亿美元，占全球对外能源直接投资比重为 63.6% 。而绿地投资规模为 1114.3 亿美元，占能源对外投资规模的份额为 36.4% 。因此，全球跨境能源并购投资为全球对外能源直接投资的主要方式。全球跨境能源并购投资规模逐步下降为 2018 年的 1580.3 亿美元和 2019 年的 1045.0 亿美元，而绿地投资规模则升至 2018—2019 年的 1495 亿美元左右。2019 年，绿地投资规模占比上升为 58.9% ，而全球跨境能源并购投资的份额降至 41.1% 。因此，绿地投资成为全球跨境能源直接投资的主要方式。

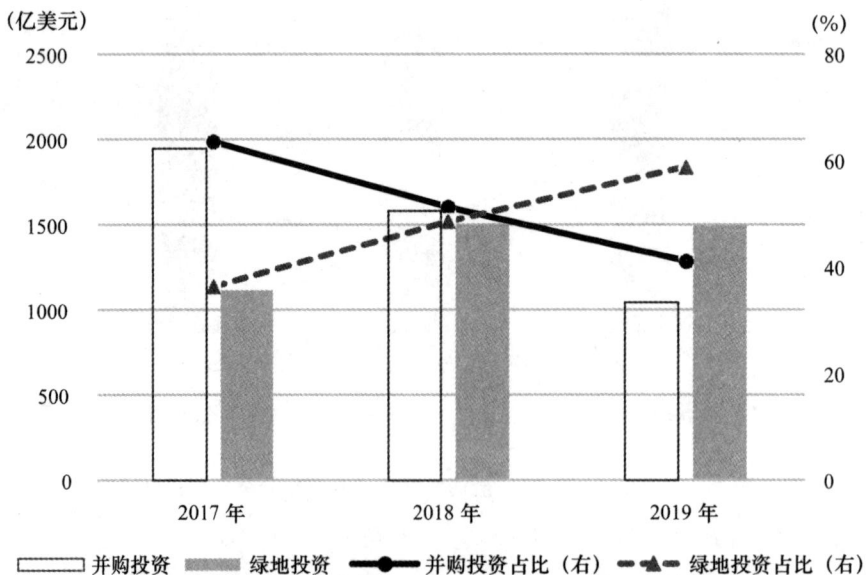

图 1—13 2017—2019 年全球能源的跨境并购、绿地投资规模

资料来源：Dealogic、FDI Intelligence 数据库。

从投资行业分布来看，2017—2019 年全球跨境能源投资的主要标的行业是发电站及电力运输设施建设、化石能源开采及加工业，这两个行业的三年总投资额分别为 3801.0 亿美元和 3487.9 亿美元，分别占总投资额的 43.8% 和 40.2%；而油气运输管道及设施建设行业的三年总投资额为 1391.9 亿美元，占比为 16.0%。从趋势上来看，发电站及电力运输设施建设的跨境投资水平比较稳定，由 2017 年的 1340.0 亿美元略微下降至 2018 年的 1252.0 亿美元和 2019 年的 1209.0 亿美元；化石能源开采及加工业的投资水平变动较大，由 2017 年的 890.1 亿美元大幅上升为 2018 年的 1530.3 亿美元，增幅达 71.9%，占能源行业年投资量的比重也从 29.1% 上升为 49.7%，随后 2019 年又降至 1067.5 亿美元，降幅达 462.8 亿美元，占能源行业年投资量的比重也降至 42.0%。

鉴于能源行业本身生产属性和投资特点的差异，不同能源行业的投资方式差异较大，油气运输管道及设施行业以并购投资为主，而发电站及电力运输设施和化石能源开采及加工这两个行业的跨境投资呈现出绿地投资和跨境并购投资并举的局面。油气运输管道及设施行业 2017—2019 年三年总跨境并购投资量为 1314.4 亿美元，占该标的行业 2017—2019 年三年总投资量的 94.4%，并且每年该行业并购投资的占比都在

90% 左右，并购投资占据绝对优势地位。化石能源开采及加工行业三年内的跨境并购投资额为 2186.0 亿美元，占该行业跨境投资总额的 62.7%，绿地投资的占比则为 37.3%；发电站及电力运输设施建设行业的绿地投资额为 2729.6 亿美元，并购投资额为 1071.3 亿美元，占比分别为 71.8% 和 28.2%。

表 1—5　　　　全球跨境能源绿地、并购投资行业分布　　（单位：亿美元）

	发电站及电力运输设施			油气运输管道及设施			化石能源开采及加工		
	绿地	并购	合计	绿地	并购	合计	绿地	并购	合计
2017 年	874.0	466.0	1340.0	24.9	805.7	830.6	215.4	674.7	890.1
2018 年	889.3	362.6	1252.0	25.3	272.2	297.5	584.9	945.4	1530.3
2019 年	966.3	242.7	1209.0	27.3	236.5	263.8	501.6	565.9	1067.5
合计	2729.6	1071.3	3801.0	77.5	1314.4	1391.9	1301.9	2186.0	3487.9

资料来源：Dealogic、FDI Intelligence 数据库。

在全球经济陷入衰退、能源需求大幅下降和国际原油价格暴跌的情形下，大多数能源企业面临着股票价格大幅下跌、经营收入下滑和亏损显著上升的严峻局面，首要任务是维持生存，而不是开展新的投资项目。并且，在新冠肺炎疫情未得到有效控制前，国际旅行禁令和封城措施，使得企业难以开展跨境投资活动。预计全球跨境能源投资在 2020 年将呈断崖式下跌，在接下来的两年内将会出现恢复性反弹。

二 中国能源形势与演变趋势

（一）引言

2019 年，中国能源供需总体平稳增长，能源结构进一步优化，单位 GDP 能耗持续下降。中国能源政策着力增强能源有效供给，加快石油、天然气、电力和新能源领域关键环节的市场化改革的落实，推进构建清洁低碳、安全高效的能源体系。

2019 年中国能源生产稳中趋缓，原煤产量同比增长 4.2%，进口煤炭同比增长 6.3%。中国政府继续推进煤炭增优减劣，出台《2019 年煤炭化解过剩产能工作要点》《30 万吨/年以下煤矿分类处置工作方案》等，有序推动能源优质产能的发展。原油产量也扭转连续几年下降势头，达到 1.9 亿吨，增幅 0.8%，全年新增炼油能力 2850 万吨/年，达到 2014 年以来的最高峰。2019 年天然气产量达到 1736 亿立方米，增幅 9.8%，超过进口增速。天然气基础设施互联互通重点工程、LNG 接收站接收能力、储气库调峰能力建设均取得明显进展。此外，2019 年全年原煤、原油、天然气进口均保持较快增长，原油的对外依存度达 72.5%。

油气增产、国内勘探开发取得重要进展以及中俄东线天然气管道建设，从战略层面提升了中国能源安全保障能力。2019 年中国原油产量、天然气产量、页岩气、煤层气、煤制气等全面增产。中国还加大了上游勘探开发投资力度，2019 年石油和天然气新增探明储量同比增长 25% 和 68%。自 2019 年起，中国持续推出政策支持，如将致密气纳入补贴范围。2020 年中国能源工作会议特别指示，未来要做大渤海湾、四川、新疆、鄂尔多斯四大油气上产基地，加快海洋及深水油气勘探开发、提高石油采收率等关键技术创新。2019 年 12 月 2 日，中俄东线天然气管道工程的正式投产通气，也将有效缓解中国东北地区、京津冀、长三角等地区天然气供应紧张的局面。

能源消费结构继续优化。2019 年，中国能源消费结构中，非化石能源和天然气仍是拉动能源消费增长的主导力量，占一次能源消费的比重继续提高。石油占一次能源消费比重保持稳定。煤炭消费所占比重下降了 1.3 个百分点，已经实现"十三五"规划提出的到 2020 年煤炭消费占比降至 58% 以下、非化石能源占比达到 15% 的发展目标。

在能源消耗端，电动车成为调节能源消费结构的最佳手段之一。截至 2019 年年底，中国新能源汽车保有量达 381 万辆，占汽车总量的 1.46%，比 2018 年增加 120 万辆。预计随着更多新品牌和外资品牌如特斯拉加入竞争行列，以及新能源车享受补贴的最后一年的到来，2020 年新能源车势必带来一波增长，销量有望超过 500 万辆。

电力结构继续优化，火电发电装机增速放缓，可再生能源装机占比不断提高。到 2019 年年底，中国可再生能源发电装机同比增长 9%，达 7.94 亿千瓦，约占全部电力装机的 39.5%，已经提前超额完成"十三五"规划制订的到 2020 年可再生能源发电总装机达到 6.8 亿千瓦时的目标。可再生能源发电量达 2.04 万亿千瓦时，其中水电、核电、风电和太阳能发电占全部发电量的 27.7%。

能源消耗和强度"双控"取得新成效。能耗政策的目标是到 2020 年，单位 GDP 能耗较 2015 年下降 15%。截至 2018 年单位能耗降幅已达到 13.85%，目标完成进度超过 90%。2019 年上半年单位 GDP 能耗同比就下降 2.7%，有望提前完成"十三五"规划的节能减排目标。

减缓气候变化工作全面推进。2018 年中国碳排放强度比 2005 年下降 45.8%，保持了持续下降，而且这个数字已经提前达到了 2020 年碳排放强度比 2005 年下降 40%—45% 的承诺，基本扭转了温室气体排放快速增长的局面，非化石能源占能源消费的比重达到 14.3%。2019 年中国碳市场基础支撑工作稳步推进。生态环境部连续发文，推动温室气体排放数据报送工作数据报送、技术规范体系建设、基础设施建设及能力建设等。尤其是 2019 年 3 月发布的《碳排放权交易管理暂行条例（征求意见稿）》，为后续出台正式的全国碳市场建设运行基础的法律框架奠定了基础。"十四五"期间，碳市场建设的目标是基本建成制度完善、交易活跃、监管严格、公开透明的全国碳市场，实现全国碳排放权交易市场的平稳有效运行。

2020 年是中国"十三五"规划的收尾之年，随后中国将迈入"十四五"规划阶段，这一阶段，全球新一轮产业分工和贸易格局加快重塑，中国产业发展进入从规模增长向质量提升的重要窗口期。加快提高风、光、水电等可再生能源消纳水平，加快推进煤基燃料和化学品对油气的部分替代，积极参与能源安全国际合作，加强能源领域核心技术研究等，是未来中国能源政策的重点。煤炭的消费占比将逐步下降，但煤炭依旧是主要能源，非化石能源快速增长将成为拉动能源总量增长的主要动力。2019 年 12 月，国家电网印发了《泛在电力物联网 2020 年重点建设任务大纲》（以下简称《大纲》），提出 2020 年是泛在电力物联网建设"三年攻坚"的突破年。根据《大纲》，国家电网部署下一步将重点开展能源生态、客户服务、生产运行、经营管理、企业中台、智慧物联、基础支撑、技术研究八个方向 40 项重点建设任务。

2020 年开局新冠肺炎疫情的快速蔓延在短时间内对中国社会经济造成较大影响，也给能源行业带来较大冲击。生产萎缩，能源需求下降，国内新能源汽车 2 月销量也急剧下滑，中国部分油气企业已经对其国际供应商发出了不可抗力的通知，要求减少供应。但新冠肺炎疫情对能源行业的影响将主要集中在上半年，疫情过后，中国的能源需求可能出现大幅反弹。对中国而言，应重视国际油价大跌对中国的影响。作为最大的石油净进口国，原油价格大幅走低，有利于中国显著减少原油进口开支。另外，中国也是产油大国，低油价会使国内油田陷入亏损，为中国石油生产企业带来寒冬。中资企业在海外的油田投资也会受到不利影响。此外，油价的持续大跌将削弱可再生能源在发电市场上的竞争力，对新能源产业造成冲击。低油价的溢出效应，还将波及新能源汽车行业。美国芝加哥大学和麻省理工学院的一项联合研究显示，在电池技术取得突破之前，50 美元/桶的油价将使电动车发展步履维艰。如今不足 30 美元/桶的油价，无疑更将连累新能源汽车的发展，这些都需要未雨绸缪。在疫情得到控制后，为促进经济恢复性增长，预计国家会出台更加积极的财政和货币政策，加大投资支持力度，能源企业应抓住后疫情时代大发展机遇，密切关注国家电力和产业政策，加快政府支持的能源项目开发力度，加强对地热能、海洋能、氢能等新型能源以及储能等领域的研究，推动中国的能源生产和消费革命，加速能源转型进程。

（二）中国化石能源发展现状与展望

1. 中国石油生产和消费

（1）石油生产和消费

根据《BP 世界能源统计年鉴》于 2019 年 6 月公布的统计数据，截至 2018 年年底，中国拥有 35 亿吨（259 亿桶）探明石油储量，与 2017 年持平，是亚太地区石油储量最高的国家。在过去的二十年中（1998—2018 年），中国的石油生产总量居世界第五。

然而，在此期间，中国石油产量增长未能与消费增长保持同步。如图 2—1 所示，自 1980 年以来，中国石油消耗量增速明显快于产量增长，且后续石油消耗量与产量的差距不断扩大。当前，中国是仅次于美国的全球第二大石油消费国。中国石油需求量已实现连续第十年增长，2018 年增幅为 50 万桶/日（2556 万吨），需求增长量约占世界石油需求增长总量的 45%。2018 年，中国石油消耗量增速达 5.1%，超过 2007—2017 年中国石油消耗量的年均增长率（4.9%），石油消耗总量达到 6.28 亿吨。

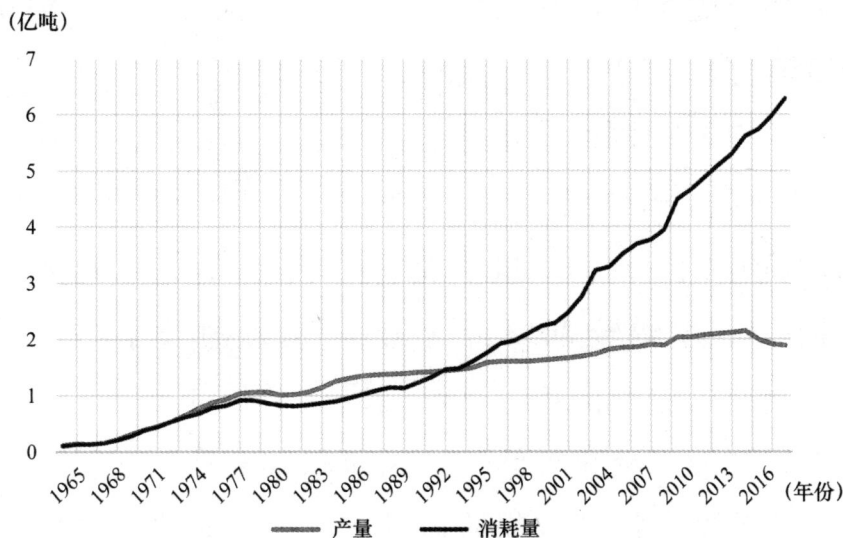

图 2—1 1965—2018 年中国石油消耗量与产量

　　有三个因素推动中国原油进口的持续增长。一是中国石油产量下降，而消耗量仍在增长。自 2016 年以来，中国国内石油产量出现明显的下滑，2018 年中国石油产量较 2017 年下降了 1.3%，而中国石油消耗量在以5.1%的增速上涨。二是由于中国增加战略石油储备，原油进口量增长快于国内消费。三是随着"十三五"规划中中国七大炼化基地的建成，中国炼能转向规模化发展。据中国石油经济技术研究院估计，2019年全国原油一次加工能力将净增3200万吨/年，全国炼油总能力达到8.6亿吨/年。2019年炼油新增能力主要来自中科炼化（新增产能1000万吨/年）、浙江石化（新增产能2000万吨/年）及山东地方炼厂（神驰化工新增产能500万吨/年、鑫岳燃化和鑫泰石化分别新增350万吨/年）。①

2019年中国经济增速有所放缓，但经济总体状况较为稳定，石油需求继续增加。根据IEA的数据，2019年中国石油需求量增加了69万桶/日，达到1366万桶/日，增幅较2018年上升了21万桶/日，主要是由于交通运输燃油和石化部门需求增长的推动。其中汽油、柴油和液化天然气的需求量均有所增长。尽管与美国就贸易协议取得阶段性进展，但现有关税的存在使得2020年中国经济增长仍面临压力。

（2）新冠肺炎疫情对中国石油需求的影响

影响中国石油需求的最大因素是新冠肺炎疫情。

---

① 参考中国石油集团经济技术研究院于2019年1月发布的《2018年国内外油气行业发展报告》以及于2020年1月发布的《2019年国内外油气行业发展报告》。

2020年年初暴发的新冠肺炎疫情对中国的交通运输、居民消费和企业生产经营造成了巨大的冲击。IEA在2020年2月公布的石油市场月报中，预测2020年中国石油需求量为1381万桶/日，需求增量由44万桶/日下调为15万桶/日。随后，IEA在2020年3月的石油市场报告中大幅下调了对中国2020年第1季度原油需求量的预测值，由增长15万桶/日调整为同比下降180万桶/日，需求量同比下降13%。随着3月中下旬中国疫情的全面好转，复工复产速度的加快，2020年第2季度中国石油需求会有所回升。但是，新冠肺炎疫情于3月在中国以外的国家快速蔓延，导致多国限制生产和服务活动，关闭边境，导致中国的出口需求减少。不过，在低油价的市场环境下，鉴于煤炭在中国能源消费比例过高，石油可能会替代部分的煤炭。同时，中国也会利用低油价的有利时机尽量增加进口，注满原油储备库，但这一进口能力受到战略储备能力的限制。预计中国石油需求量在2020年将可能维持正增长，但增长速度较小，在随后两年中将维持常态化增长。

（3）低油价对中国的影响及应对

国际油价暴跌对于中国机遇和挑战并存，但机遇大于挑战。有利之处表现为节约进口成本、降低物价和经济运行成本、提高中国的议价权和降低海外投资成本，而不利之处体现为原油供应和价格的波动风险上升、国内石油勘探开发和可再生能源受到冲击、不利于经济金融稳定发展。

国际油价暴跌对于中国的有利影响体现在以下四点。

第一，节约油气进口成本。目前，中国是全球最大的原油进口国，对外原油依赖度高达 70%，国际油价暴跌将会显著降低中国原油的进口成本。2019 年，中国原油进口总量为 5.06 亿吨，日均原油进口量约为 1030 万桶。在未来原油进口量与 2019 年持平的条件下，若布伦特原油的中枢价格从 65 美元/桶降至 45 美元/桶，则中国将每年节省 740 亿美元的进口成本。而且，东亚地区液化天然气（LNG）的进口价格是与原油价格联动的，油价暴跌必然会导致 LNG 价格大幅下降，这也会节约中国 LNG 的进口成本。

第二，降低通货膨胀水平和经济运行成本。原油是基础性和战略性原材料，其价格变动将通过产业链条传导至国民经济和社会生活的方方面面。油价下跌将会导致国内成品油价格的下调，从而降低物流业、工业和运输业的运行成本，推动国内的生产资料和消费品价格下降。同时，原油又是工业品和生活用品的重要原材料，如塑料、合成橡胶、合成树脂、化纤等，从而油价下跌将导致全社会价格水平下行，减轻通货膨胀压力。在当前物价水平较高和国民经济受新冠肺炎冲击较大的情形下，国际原油暴跌有利于平抑国内的物价上涨压力，为政府出台扩张性财政货币政策提供了一定的空间。而且，鉴于中国贫油少气的禀赋状况，制造长期以来受制于较高的能源成本，显然，油价暴跌将有利于改善中国制造的能源成本劣势，提升其国际竞争力。

第三，巩固买方市场格局，增强中国在国际油气市场的议价权。长期以来，中国等东亚国家因有着刚性的油气需求，议价权较弱，被迫接受"亚洲溢价"，支付较高的油气进口成本。美国页岩油气革命基本实现了全球原油市场由卖方市场向买方市场的转变，在发达国家的原油需求基本达峰的情形下，中国成为全球原油需求增长的主要驱动力。当前，在全球原油需求因新冠肺炎疫情而严重萎缩的背景下，沙特阿拉伯和俄罗斯大幅增加原油产量，势必会加剧供需失衡局面，产油国对中国市场的竞争将更为激烈，中国在国际原油市场的话语权将会增强，可以争取到较为有利的贸易条件，缩小甚至消除"亚洲溢价"。

第四，降低海外石油投资成本，减少投资阻力。作为全球最大的原油进口国，投资海外石油资产是中国维护原油供应安全的一条重要途径。近年来，受资源民族主义情绪上涨和投资保护主义回潮的影响，中国企业投资海外石油资产难度显著上升。油价暴跌将为中国企业海外石油投资提供较为有利的时机，体现在：一是拟收购的目标石油资产市场价值下降，可减少企业海外投资的资金成本；二是产油国的出口和财政收入下降，对外资的需求上升，有助于平抑其资源民族主义情绪，降低投资的进入壁垒。

国际油价暴跌对于中国的风险和挑战表现在以下几点。

第一，加大全球原油供应和价格的波动性，增加中国原油供应不确定风险。体现在：一是油价暴跌将导致石油上游勘探开发投资下降，部分高成本石油商将因持续亏损而退出市场，势必致使未来原油产量下降和价格上涨。作为主要进口国，中国的利益在于原油价格的稳定性和可接受性，而不是短期不可持续的低价。沙特阿拉伯和俄罗斯之所以选择打价格战，一个主要动机是利用自身生产成本低的优势，挤出美国页岩油等成本较高的生产商，迫使其削减投资或关闭产能，并待高成本产商退市后，再逐步调升原油价格。二是加剧部分产油国的经济困难，可能引发社会不稳定和政局动荡，加大原油供应中断风险。油价暴跌会导致伊朗、伊拉克、叙利亚、委内瑞拉等产油国的出口收入和财政收入大幅下降，使其经济雪上加霜，进而加大社会冲突和政局动荡风险，引发原油生产和运输的中断。

第二，对国内石油勘探开发投资产生消极影响，

不利于增储上产目标的实现。由于资源禀赋较差，国内石油企业的生产成本远高于国外同行，油价暴跌将会导致其利润和现金流大幅下降，削弱其进行页岩、深海和内陆石油勘探开发投资的能力，并进一步影响物探、钻井、井下作业等设备制造公司和油服公司的生产经营活动。而且，油价暴跌将直接导致我国油气企业海外项目效益大幅下滑。这显然不利于石油增储上产、降低对外依赖度目标的实现，不利于维护中国原油供应安全。

第三，**降低太阳能和风能的经济性，不利于可再生能源产业发展和能源转型**。原油价格暴跌，将会连带导致天然气、煤炭等化石能源价格大幅下跌，从而显著增强了化石能源相对于太阳能、风能等可再生能源的价格竞争力，会导致化石能源需求增加，对可再生能源产业的发展和能源转型的推进产生消极影响。而且，中国是太阳能和风能设备的制造大国，油价下跌将会导致国内外厂商对相关发电设备的需求下降，不利于中国装备制造业的发展。

第四，**引发全球经济和金融震荡，不利于中国经济稳定发展**。原油是大宗商品之王，兼具商品、金融和地缘政治多重属性。原油价格暴跌通常伴随着市场信心丧失、股票市场大跌、经济恐慌预期和地缘政治博弈，且这些现象之间互相交织、互相作用。石油是金融市场重要的配置资产之一，油价下跌无可避免地加大金融市场风险。同时，油价暴跌还会导致高生产成本的产油国石油企业债务违约、增加行业失业率。而伴随着全球化，国际市场风险将向中国国内的溢出，对国内金融体系稳定和宏观经济调控能力提出挑战。显然，油价暴跌不利于全球经济和金融市场的稳定，不利于中国的出口需求增长和经济稳定发展。

作为最大的原油进口国，中国应利用供给过剩和低油价的契机，增加战略石油储备量，商谈调整从中东进口原油的基准价格，降低迪拜阿曼原油的计价权重，增加布伦特原油和上海原油的权重，支持石油和可再生能源产业，加快油气替代煤炭进程。具体如下。

第一，利用低油价的契机，加快战略石油储备能力建设，提高国家战略石油储备量。在当前中美政治经济竞争加剧，国际环境出现较大不利变动的情形下，中国应增加战略石油储备量，以防范石油供给中断风险。相较于石油进口和消费量，目前中国战略石油储备水平较低，待今年三期储备工程完工后总容量将为5亿桶，预计储备能力仅为50天左右进口额，距国际能源署的90天进口额的"及格线"较远，也远低于美国20亿桶和日本9亿桶的储备容量。中国应利用低油价的契机，加大战略石油储备力度，并加快战略石油储备工程建设，目标储备容量宜提高至10亿桶。同时，政府应支持国有石油企业，在条件许可的情况下，适当增加商业石油储备，充分利用民营能源企业的库存，完善民营企业义务储备能源的制度，提高商业能源储备的积极性。

第二，商谈调整从中东进口原油的基准价格，降低迪拜阿曼原油的计价权重，增加布伦特原油和上海原油的权重。目前，中国从中东地区进口原油的基准价是迪拜交易所的中质含硫的阿曼原油，价格明显高于轻质低硫的布伦特原油和 WTI，致使中国企业原油进口成本长期偏高。当前，中国应不失时机地利用自身市场体量的优势，与沙特阿拉伯等中东产油国商谈调整原油进口基准价，减少迪拜阿曼原油的计价权重，增加布伦特原油和上海期货交易所原油的权重，逐步消除"亚洲溢价"。同时，中国政府应鼓励和支持原油进口采用人民币计价和结算，推动人民币国际化。

第三，加强防控石油市场风险，密切关注国际石油市场供需变化。国际石油市场不确定性显著上升、我国石油对外依存度不断提高等内外因素，决定了我国将面临较大的国际油价波动风险。建议加强对国际石油市场供需变化的监测，人工智能及数字化技术在石油领域的应用，是降低监测成本与安全风险。同时，完善国内原油期货市场建设，发挥期货市场价格发现和套期保值功能，在健全石油价格形成机制、整合石油产业资源、对冲石油市场风险、提升人民币国际储备地位等方面发挥积极作用。此外，通过强化石油风险监测技术和健全风险防控手段，避免国际油价出现大幅波动对我国国内经济和对外能源贸易产生负面冲击。

第四，对国内石油生产提供政策支持，鼓励推进技术创新和体制改革。低油价导致我国国内油气生产的经济性面临考验，减弱市场投资意愿。这对我国达到一定限度能源独立的发展目标形成挑战。建议政府加大对相关领域的财税支持力度，尤其是针对企业油气勘探生产技术创新，实施政策激励。降低油气行业投资门槛，对内外资逐步开放上游市场。同时，在低油价时期，应当把国内石油行业结构性改革作为重点，规范石化行业下游市场竞争，加强成品油市场统筹规划。

第五，支持国内的石油和可再生能源产业，适度加快油气替代煤炭进程。实现增储上产目标，维持国内石油产业的稳定发展，对于降低对外原油依赖度，提升中国能源安全至关重要。中国应继续完善现行成品油定价机制，适度隔离国内外的石油产业，尽量减少国际低油价对于国内石油产业的负面冲击。利用低油气价格环境，适度加快石油和天然气替代煤炭的进程，减少温室气体和污染物排放。推动光伏、风电、核电等替代能源的发展，促进能源结构多元化，减轻原油供给冲击对我国能源安全的影响，推动能源的绿色低碳转型。

第六，创造宽松政策环境，支持国内企业参与国际油气合作。国内石油企业应利用海外油气资产估值较低的有利时机，适当加大对外投资力度。政府和行业协会商会应统筹协调中石油、中石化等国有石油公司和民营企业的油气投资，逐步形成海外投资的合力。从互利共赢的角度提高能源合作的层次和水平，促使合作项目覆盖能源全产业链，加大双方投资以及在能源技术等领域的合作，激发各方合作的积极性，为我国国际能源的稳定供给提供保障。充分利用亚洲基础设施投资银行和丝路基金的资金支持，设立油气企业海外并购基金和海外风险勘探基金，拓宽海外投融资渠道。国有商业银行和政策性银行应向海外油气投资提供信贷支持。加大金融领域的合作，加快推动人民币进行石油贸易结算，这既有利于提升对欧亚原油的定价能力，也有利于隔离美元汇率风险。利用我国基建强项，协同推动油气基础设施互联互通，共同研究推动全球能源物联网。行业中介组织、科研院所和高校应做好重点油气合作国的投资风险评估，提供科学咨询，为企业对外投资决策提供风险提示和政策建议，降低油气企业海外投资风险。

2. 中国天然气生产和消费

2019 年，中国已探明天然气储量为 6 万亿立方米，比2018年的储量增加了2.1%，居亚太地区已探明天然气储量之首。在过去十年，中国天然气需求大幅增长。2010—2019年中国天然气表观消费量增长了近两倍。2019年，天然气在一次能源总消费量中占比8.3%。根据"十三五"能源规划中设定的目标，预计中国天然气需求将继续增长，以减少大量使用煤炭造成的高污染。

2019年，中国天然气消费量保持增长，但增速放缓。2019年中国天然气表观消费3067亿立方米，同比增长9.4%。环保政策持续推动重点地区民用、采暖、工业用途的"煤改气"，这是2019年天然气消费增长的主要推力。受中美贸易局势的影响，2019年中国经济下行、工业生产放缓，导致商业用气量出现明显下滑。此外，2019年冬至2020年春整体是"暖冬"，2019年12月—2020年2月供暖用气需求下降。2019年中国天然气表观消费，与2018年17.7%的增速相比，出现明显的增速下滑。

尽管2020年春季平均温度较历史同期偏高，但受清洁采暖和供暖延长的影响，采暖消费量仍处高位。据运行快报统计，2020年1月，天然气表观消费量296.5亿立方米，同比增长3.4%。受新冠肺炎疫情的影响，预计第1季度整体天然气消费放缓。随着3月中下旬中国疫情的全面好转，复工复产速度的加快，2020年第2季度中国天然气需求会有所回升。但是，由于新冠肺炎疫情在中国以外的国家快速蔓延，导致多国工商业活动停滞，减少中国出口需求。但在中国能源转型目标的推动下，天然气将继续替代煤炭在能源消费中的比重。预计中国2020年天然气需求将维持正增长。为了满足长期需求增长，预计中国将继续增加海外液化天然气进口和管道天然气进口，同时，还将进一步扩大天然气管网和存储能力。

3. 中国煤炭生产与消费

（1）煤炭的产能和消费

中国煤炭去产能成绩显著，2018年煤炭消费占初级能源消费比例首次降至60%以下。中国能源禀赋特点是"富煤、贫油、少气"，这决定了煤炭作为中国能源生产与消费主要来源的地位长期内不会改变，同时煤炭也是中国能源安全的重要保障。中国经济高速增长曾经带动煤炭需求的大量增加，造就了2002—2012年煤炭产业"黄金十年"的繁荣景象。然而，随着中国经济增速放缓和质量提升进入新常态，国家加强对环境的保护以及对能源可持续发展的重视，煤炭生产和消费在2013年分别达到峰值的27.05亿吨标准煤和28.10亿吨标准煤以后，伴随着煤炭产业去产能的深入，煤炭消费量一直处于稳中有降的趋势中。

2018 年，中国煤炭消费占初级能源消费的 59%，第一次降到 60% 以下，较 2010 年降低 10 个百分点。

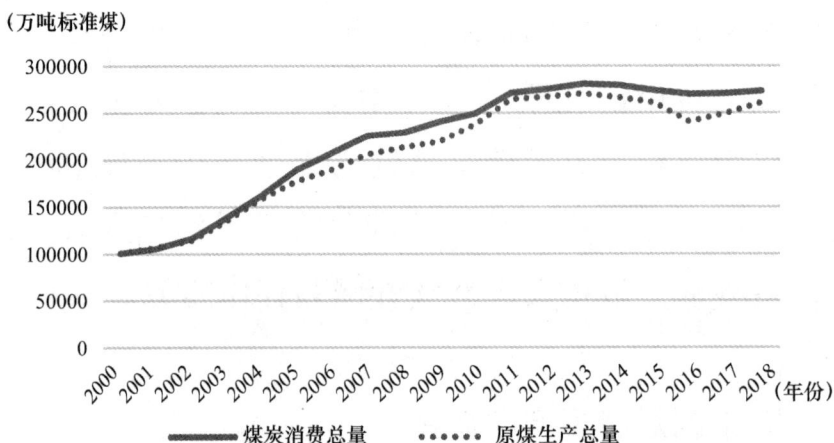

（万吨标准煤）

图 2—2　2000—2018 年中国煤炭消费总量与原煤生产总量

资料来源：国家统计局。

煤炭去产能造成 2013 年以后中国的煤炭采选业投资不断减少，占能源工业投资份额逐年降低，特别是 2015 年后回落至 10% 水平以下。2018 年，中国"十三五"规划煤炭行业去产能的主要目标任务基本完成。2019 年，规模以上工业原煤产量达 26.79 亿吨标准煤，比 2018 年增长 4.2%，增速与上年持平。2019 年，国家能源局确定了推进煤炭行业结构性去产能、系统性优产能为主导方向，累计关闭退出落后煤矿 450 处以上，同时有序核准新建大型煤矿项目，让优质煤炭产能向资源富集地区进一步集中。其中，山西、内蒙古、陕西和新疆合计原煤产量占全国的

76.8%，比2018年提高了2.5%，中国煤炭资源整合与充分利用成效逐步显现。

（亿元）

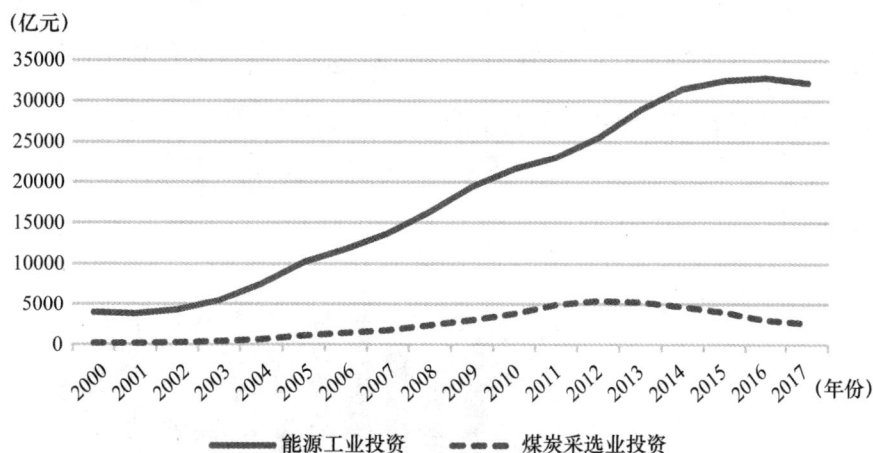

图2—3 2000—2017年中国能源工业投资与煤炭采选业投资

资料来源：国家统计局。

2018年，中国煤炭进口量为1.465亿吨油当量，占全球煤炭进口总量17.6%，进口来源国主要为澳大利亚、印度尼西亚、蒙古国和俄罗斯。2018年，中国煤炭出口总量990万吨油当量，占世界出口总量的1.1%，出口国主要为日本、韩国和印度等亚洲国家。2008年中国煤炭进口增速较快，但在2013年达到2.3亿吨峰值以后，煤炭进口量逐步回落。2008年以来，中国煤炭出口也逐步萎缩，目前维持在500万吨标准煤的水平。

由于煤炭产能的下降，同时加上季节因素使部分地区煤炭供需出现波动，造成煤炭价格于2016年后开始回涨，到 2018 年秦皇岛现货价格为 99.54 美元/吨。
2018 年年末，全国重点电厂存煤 8141 万吨，秦皇岛港
库存煤炭 568 万吨，同比下降 7%。从整体看，中国煤
炭生产和消费处于相对平衡的状态，煤炭价格虽有波
动，但整体仍会保持相对稳定。

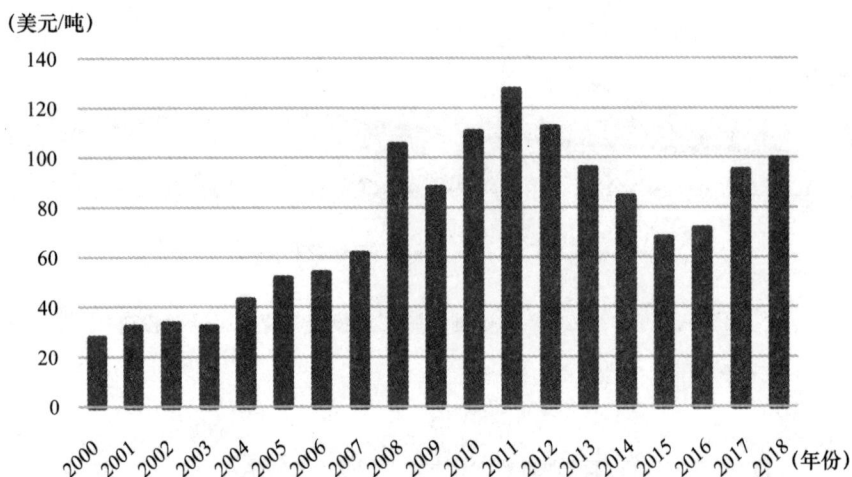

图 2—4　2000—2018 年中国煤炭秦皇岛现货价格

资料来源：BP Statistical Review of World Energy June 2019.

（2）煤炭清洁生产和消费占比逐年增加

煤炭利用的升级转型是"清洁低碳、安全高效"
的能源体系构建中至关重要的一环。洁净煤技术的发
展与应用是中国未来能源战略选择的必经之路。煤炭
是中国能源生产与消费最主要来源，煤炭的清洁使用
直接影响到环境保护及生产效率的提高。陈清如、刘
炯天两位院士从洁净煤技术角度出发，认为应该主要

从减少污染、降低石油对外依存度和提高煤炭燃烧利用率三方面解决未来中国能源的使用问题。中国洁净煤技术较世界先进水平相比还有很大的追赶空间，目前主要集中在煤炭的洗选加工、液化和气化等方面。中国火力发电用煤占煤炭总消耗量的3/4，如何在煤炭发电领域全过程实现洁净煤技术的突破将成为煤炭未来发展的关键所在。

煤化工行业对煤炭的充分利用有助于降低煤炭消费总量。2017年，国家发改委发布的《煤炭工业发展"十三五"规划》中明确提出推进煤炭深加工产业的建设。强调煤制油、煤制天然气、低阶煤分支利用、煤制化学品、煤炭和石油综合利用五类模式及通用技术装备的升级示范。目前，中国煤化工技术及规模均已处于世界领先水平。2017年，全国煤制油转化煤炭1698.9万吨，煤制天然气转化煤炭710.1万吨，煤制轻烃转化煤炭4251.8万吨，煤制乙二醇转化煤炭768万吨。预计到2020年，现代煤化工耗煤量将增加到1亿吨以上。[①] 未来，煤化工的发展应在控制行业内企业优质生产的基础上，加速煤化工向下游产业链深入，合理配置制成品，形成绿色环保以技术升级为推动力的现代化产业集群。

---

① 参考中国煤炭加工利用协会发布的报告《现代煤化工"十三五"煤控中期评估及后期展望》。

4. 中国电力生产与消费

（1）发电来源结构

中国电力市场大，化石能源依然是供电的主要来源，供电体系正向更加绿色、现代化、可持续能源体系逐渐转变。从发电的来源结构看，中国目前发电仍然是以煤炭为主的火力发电。近 10 年得益于对环境保护的重视以及中国发电技术的不断进步，天然气发电、水电与可再生能源发电量逐年增加，尤其是可再生能源发电增速最快。

2018 年中国非水可再生能源发电量较 2017 年相比增加了 28.8%，光伏发电装机容量与风能发电装机容量均居于世界领先水平，分别占世界份额的 35.9% 和32.7%。化石能源发电方面，煤炭发电在 2018 年首次降到总发电量的 60% 以下，天然气发电占比仍然很少，石油发电则逐渐退出了市场。中国拥有世界最大的电力投资市场，2019 年前三季度，中国完成电力投资 4750 亿元，包括电网投资 2953 亿元和电源投资1797 亿元。2016—2018 年，中国电力总投资下降了7%，但这主要是由耗资更少的可再生能源发电投资对耗资更大的燃煤发电投资替代引起的，总体能源效率支出增长了 6% 以上。

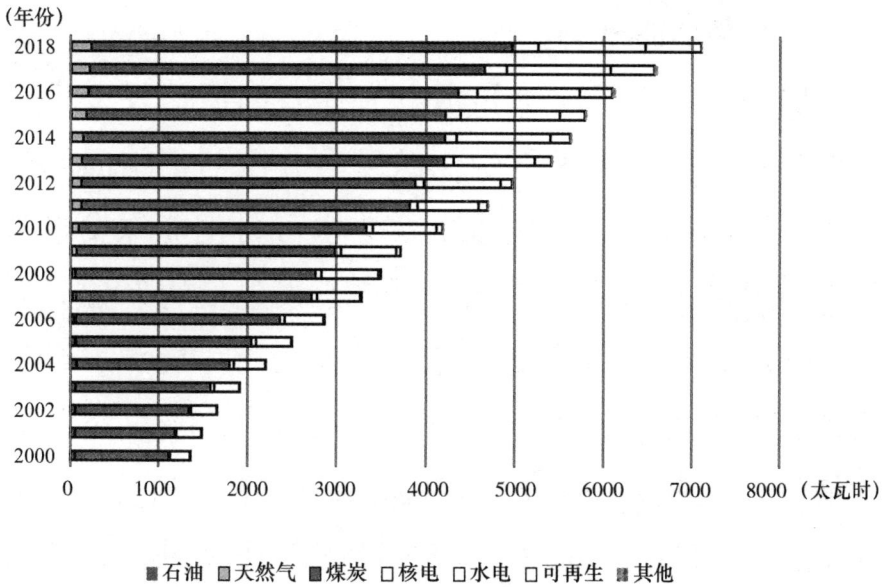

图 2—5　2000—2018 年中国发电能源来源分布

资料来源：国家统计局。

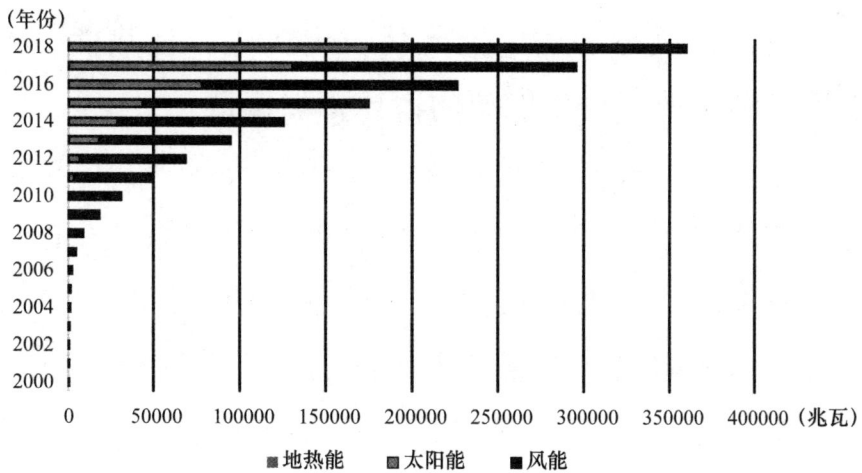

图 2—6　2000—2018 年中国可再生能源装机容量

资料来源：BP Statistical Review of World Energy June 2019.

（2）清洁能源发电

以非水可再生能源和水电为代表的清洁发电市场发展迅速，但有关可再生能源发电并网与消纳问题仍需重视。2018 年，全国水电、非水可再生能源发电与核电总发电量 2131 太瓦时，约占总发电量的 30%，这一比例比 2000 年增长近一倍。非水可再生能源发电量增加至 634.2 太瓦时，较 2017 年增长 28.8%，增长速度最快，其中太阳能发电装机容量为 17.5 兆瓦，较上年增长 33.8%，风能发电装机容量为 18.5 兆瓦，较上年增长 12.4%。中国地热能主要以中低温地热资源为主，储量大分布广，现与其他可再生资源相比开发力度较小，但未来前景可观。目前，中国的非水可再生能源发电以风电和太阳能光伏发电为主，地热能、生物质能和其他可再生能源的占比仍然偏低。

尽管近年来清洁能源发电发展势头强劲，但中国乃至全球可再生能源发电应用发展时间较短，在推广以及对传统能源发电技术替代的过程中，依然存在着自主技术和相关政策制定等方面的若干难题。2018 年 10 月国家发改委针对清洁能源的消纳问题制订了《清洁能源消纳行动计划（2018—2020 年）》，参照国际先进水平（风电利用率 90%，光伏发电利用率 95%），总体来看，2018 年中国清洁能源消纳问题持续向好。2018 年中国弃风率 7%，同比下降 5 个百分点；弃光率3%，同比下降2.8个百分点；水能利用率95.0%以上；核电运行平稳，利用率保持较高水平。到2019年，弃风率和弃光率进一步减少到了4%和2%。

（年份）

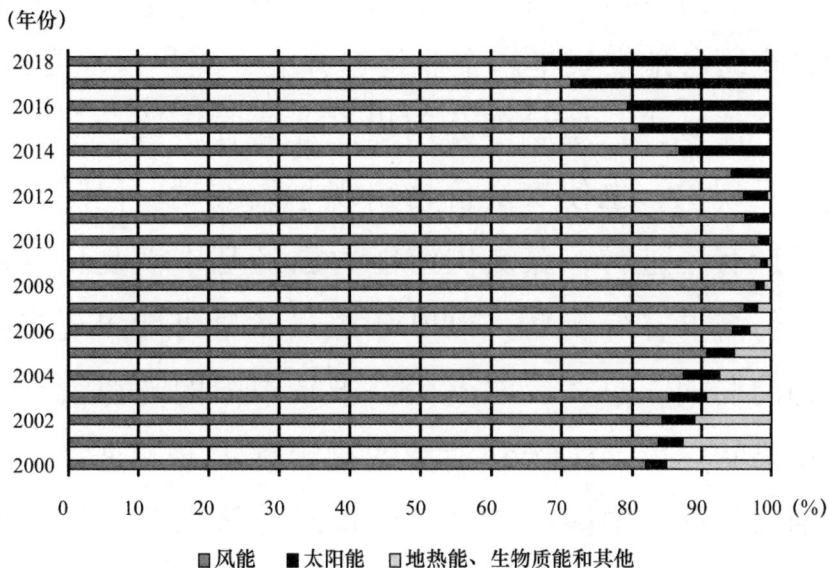

图2—7　2000—2018年各类非水可再生能源发电量占比

资料来源：BP Statistical Review of World Energy June 2019.

5. 中国能源发展趋势

（1）煤炭市场中去产能与调结构双管齐下促转型

2016—2018年中国煤炭行业去产能共计约8.1亿吨，已提前完成"十三五"的阶段性目标，预计2019—2020年，煤炭行业仍将有1.8亿吨的去产能空间。未来"十四五"期间，中国煤炭产能过剩问题将基本缓解，行业生产集中度大幅度提高。中国煤炭加工利用协会预计，到2020年，中国煤矿数量或将缩减

至 5000 处左右，大型煤矿产量占比将大幅上升至
82%，煤炭产量约 26.43 亿吨标准煤，总产能达 32.1
亿—33.6 亿吨标准煤，产能利用率将超过 75%。

考虑到 2020 年第 1 季度受突发新冠肺炎疫情的影
响，全国各地煤炭生产企业延迟开工，煤炭运输受限，
煤炭产能减少，造成部分用煤企业库存下降，甚至出
现不足现象，也使煤炭价格出现小幅波动。但随着煤
矿复产有序进行，煤炭供给能力已经基本恢复正常水
平，但需求有待恢复。2020 年煤炭产量可能出现先抑
后扬的局面，总体影响不大。未来中国的能源清洁化
转型仍然是煤炭生产和消费的决定性因素，这是一个
长期的过程。中国社会科学院世界经济与政治研究所
《世界能源中国展望》课题组在《世界能源中国展望
2015—2016》中曾认为，如果政策更加严厉，那么煤
炭需求在 2019 年左右就可能达到峰值（约 27 亿吨标
准煤），到 2020 年煤炭在中国能源消费中的比例要下
降到 60% 以下，[①] 看来这一目标已经提前实现。课题
组预计 2020—2021 年，煤炭生产和消费依然稳中有
降，维持在 25 亿—26 亿吨标准煤的水平，煤炭进口也
将维持在 2 亿吨标准煤左右的水平。

---

① 中国社会科学院世界经济与政治研究所《世界能源中国展望》
课题组：《世界能源中国展望 2015—2016》，中国社会科学出版社 2016
年版，第 29—30 页。

　　根据 2019 年 4 月 30 日国家发改委发布的《2019 年煤炭化解过剩产能要点》，未来全国将深入推进煤炭的清洁开发、生产、运输和利用。提高煤炭能源的清洁使用率和增加对可再生能源等清洁能源的使用比例，也是未来中国能源转型结构调整的主要方向。

（2）电力市场用电需求与清洁发电份额稳步增加

　　中国的用电量与经济发展呈正相关关系，预计未来随着经济发展，中国电力消费仍将保持刚性增长。预计到 2021 年全社会用电量达到 7.8 万亿—8.1 万亿千瓦时，年均增速 4.8%—5.4%。[①] 2019 年中国第三产业和城乡居民生活用电量对全社会用电量增长的贡献率合计超过 50%，这意味着中国产业结构的调整也逐步使电结构更加合理，第三产业和居民生活用电的增加，也为未来分布式电力的发展提供了条件。此外，电力市场还需防范燃料价格大幅上涨、电力需求短期下滑以及上网电价下调等风险。

　　风电和太阳能发电在技术不断升级的过程中越发具有成本竞争优势，电力行业数字化以及发电由集中式到分布式的过程正在引发电力体系的转型。中国的风能和太阳能发电装机快速增长，2018 年，风能和太阳能新增装机占中国全口径电源新增装机的 52.9%。随

---

　　① 参考电力规划设计总院于 2019 年 6 月发布的《中国电力发展报告 2018》。

着成本的进一步降低，风电、光伏装机增长速度会更快，这意味着风电、光伏正在成为中国的主要发电来源。根据《清洁能源消纳行动计划（2018—2020 年)》的目标，预计 2020 年，中国平均风电利用率达到国际先进水平（力争达到 95% 左右），弃风率控制在合理水平（力争控制在 5% 左右）；光伏发电利用率高于 95%，弃光率低于 5%。全国水能利用率达 95% 以上，并确保核电实现安全保障消纳。到 2019 年弃风率和弃光率均已提前完成这一目标。

（3）整合国内资源同时加强与周边国家能源合作

中国国内能源资源分布不平均，通过能源贸易可以将市场拓宽到周边国家，有利于降低成本提高效率。目前中国煤炭储备主要集中于北方，探索与东南亚国家的煤炭和电力贸易合作可以减轻中国煤炭跨域流动的压力。2019 年 4 月 25 日，"一带一路"能源合作伙伴关系在北京正式成立，将成为推动国际能源合作的新平台，积极推动中国与周边国家能源网络互联互通。但在加强贸易联系的同时也应注意国内市场安全，避免对境外资源的过度依赖。

在能源投资方面，2018 年全球能源投资总额超过1.8 万亿美元，其中中国能源投资额达 3810 亿美元，居全球首位，主要投资区域为西亚、中亚（含俄罗斯）、东亚、南美洲。在广义能源投资方面，2005—

2016 年中国海外能源共投资 805 个项目，共计 6631.6 亿美元。在狭义能源投资方面，2005—2016 年中国海外能源共投资 325 个项目，共计 3547.7 亿美元。[①] 未来中国能源国际投资应继续从加强国家引导与支持力度、完善融资管理体系、提高投资者经营水平、吸取国内外投资经验几方面入手，推动全球能源网络建设，特别是以电力为主的全球能源互联网更好的发展。

随着对气候变化和低碳经济的重视以及全球产业链中电气化和数字化的技术升级，全球能源正在经历由化石燃料向可再生能源转型的阶段，煤炭和电力是其中的主角之一。中国应抓住全球能源革命的机遇期，推动中国产品、人力、技术的"走出去"，积极参与全球能源治理，深化国际能源合作，逐步转型为绿色、高效、多元、安全的现代化能源体系。

（三）中国可再生能源发展现状及展望

近年来，在经济发展方式转型和生态文明建设的大背景下，中国坚持绿色发展的理念，积极推进能源生产和利用方式的变革，大力发展以太阳能光伏和风能为代表的可再生能源，通过不断加大对可再生能源

---

① 李华杰、马丽梅：《对近年来我国海外能源投资发展的分布》，《中国能源》2018 年第 4 期。

领域的政策支持，推动可再生能源技术创新，逐步构建安全、稳定、经济、清洁的现代能源结构，以能源的可持续发展支撑经济社会的可持续发展。

1. 光伏太阳能

（1）光伏装机增速明显放缓[①]

在一系列扶持政策的推动下，中国在 2017 年延续了前两年的光伏装机热潮，新增装机容量高达 53.1GW。但由于政策变化和市场环境等因素的影响，2018 年中国光伏市场增速明显放缓，新增装机容量为 44.3GW，较上年下降 17%。2019 年中国光伏新增装机容量进一步回落到 30.1GW，同比下降 31.6%。2019 年光伏累计装机容量为 204.3GW，其中，集中式光伏累计装机容量为 141.7GW，分布式光伏累计装机容量为 62.6GW。尽管较上年均出现明显回落，但 2018 年和 2019 年中国的新增和累计光伏装机容量仍然继续保持全球第一。

从空间分布看，光伏装机仍呈现出明显的区域差别。2019 年新增装机主要集中在华北、华东和西北地区，这三大地区的新增装机容量分别为 8.58GW、5.31GW 和 6.49GW，占全国同期新增装机的比重分别

---

① 《2019 年光伏发电并网运行情况》，2020 年 2 月 28 日，国家能源局网，http：//www.nea.gov.cn/2020-02/28/c_138827923.htm。

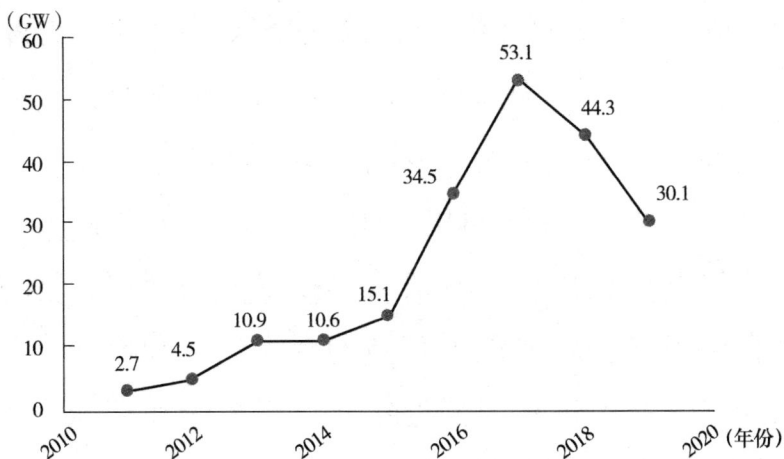

图 2—8　2011—2019 年中国光伏新增装机容量的变化

资料来源：中国光伏行业协会。

为 28.5%、17.5% 和 21.6%，而东北、华中和华南地区新增装机之和占比仅为 32.4%。与上年相比，西北地区的新增装机出现了明显下滑，华北地区则成为新增光伏装机占比最大的区域。

（2）光伏发电量再创新高，弃光率逐步降低①

随着光伏累计装机容量的增加和电网消纳能力的提升，光伏太阳能的发电量也在逐渐攀升。2018 年中国光伏发电量为 1769 亿千瓦时，同比增长 51.7%，太阳能光伏发电量占全国总发电量的比重从 2017 年的 1.8% 增加到了 2018 年的 2.5%。2019 年中国光伏发

---

① 《2018 年光伏发电统计信息》，2019 年 3 月 19 日，国家能源局网，http：//www. nea. gov. cn/2019 – 03/19/c_ 137907428. htm；《2019 年光伏发电并网运行情况》，2020 年 2 月 28 日，国家能源局网，http：//www. nea. gov. cn/2020 – 02/28/c_ 138827923. htm。

电量增加到 2238 亿千瓦时，同比增长 26.5%，但增速较上年有所放缓。随着光伏发电的成本竞争力开始显现，光伏发电总量还将继续保持增长态势。

在过去的一段时间里，由于光伏配套设施不够完善，电网并网也存在一些政策和技术上的障碍，使得光伏太阳能发电一度出现了较高的弃光电量和弃光率。但政策引导和技术进步使得近年来弃光电量和弃光率出现"双降"的趋势。根据国家能源局的数据，2018 年中国光伏发电弃光电量为 54.9 亿千瓦时，同比减少 18 亿千瓦时，弃光率为 3%。弃光主要集中在西北地区，其中，新疆弃光率为 16%，甘肃弃光率为 10%。尽管这些地区日照时间充足、可用土地资源丰富，但受当地经济发展水平的制约，光伏电站所提供的充沛电力不能被充分

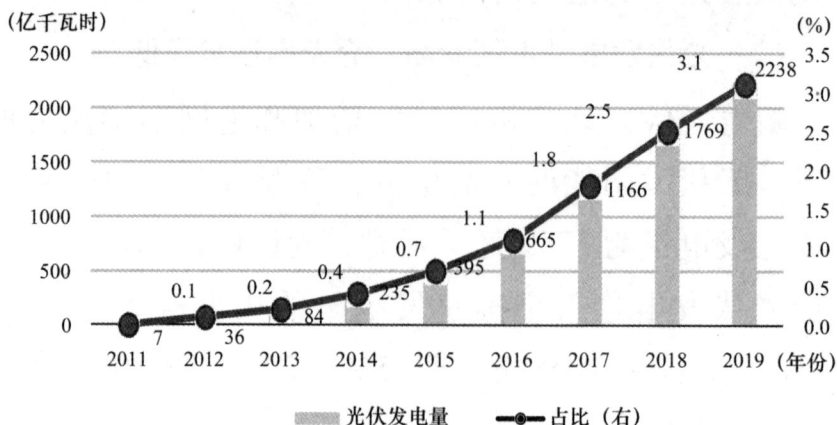

图2—9　2011—2019 年中国光伏发电量及其在全国总发电量中的占比

资料来源：中国光伏行业协会。

消纳，导致弃光率高居不下。2019 年"双降"趋势仍在延续，全国弃光电量为 46 亿千瓦时，比上年又减少了 8.9 亿千瓦时，弃光率也从上年的 3% 降至 2%。

（3）光伏产能继续扩大，转换效率持续提高[①]

作为重要的战略性新兴产业，在政策扶持、技术驱动、市场需求等多种因素的推动下，中国光伏产业获得了长足的发展，在全产业链上具备了较强的国际竞争力，中国的多晶硅、硅片和组件等光伏产品的产能都已占据了全球的半壁江山。2018 年中国多晶硅产量超过 25 万吨，硅片产量达到 109.2GW，晶硅电池片产量约为 87.2GW。2019 年光伏产能继续扩大，多晶硅产量达到 34.2 万吨，同比增长 32%；硅片和电池片产量分别达到 134.6GW 和 108.6GW，同比分别增长 25.7% 和 27.8%；光伏组件产量为 98.6GW，较之于上年的 85.7GW，增长了 17.0%。中国继续保持着光伏产业世界工厂的地位。

中国光伏产业在扩大产能的同时，行业技术水平也在不断进步，量产光伏太阳能电池的转换效率在继续提高。多晶黑硅电池的平均转换效率已达到 19.2%，使用 PERC 电池技术的单晶和多晶黑硅电池

---

① 资料来源于中国光伏行业协会、赛迪智库集成电路研究所发布的《中国光伏产业发展路线图（2018 年版）》《中国光伏产业发展路线图（2019 年版）》。

效率分别提升至21.8%和20.3%；碲化镉（CdTe）薄膜太阳能电池的量产组件平均转换效率为14%，铜铟镓硒（CIGS）薄膜太阳能电池量产组件平均效率能达到15%—16%。技术进步推动了产品成本的持续下降，光伏发电平价上网之日正渐行渐近。

2. 风电

（1）市场规模持续扩大，中东部地区风电装机增长迅速[①]

近十年来，中国风电行业发展迅速，中国已成为世界上风电装机规模最大、增长速度最快的国家。2017 年风电新增装机和新增并网一度出现双双同比下降，但 2018 年风电市场再度上行。根据国家能源局的数据，2018 年中国实现新增并网风电装机容量20.6GW，同比增长 9.7%。2019 年风电发展又上新台阶，全国新增风电装机容量 25.74GW，较上年增长21%，其中陆上风电新增装机 23.76GW，海上风电新增装机 1.98GW。随着风电新增装机速度的加快，装机总量也越来越大。截至 2019 年年底，中国风电累计装机容量为 210GW，其中陆上风电累计装机容量为

---

① 《2018 年风电并网运行情况》，2019 年 1 月 28 日，国家能源局网，http：//www. nea. gov. cn/2019 – 01/28/c_ 137780779. htm；《2019 年风电并网运行情况》，2020 年 2 月 28 日，国家能源局网，http：//www. nea. gov. cn/2020 – 02/28/c_ 138827910. htm。

204GW，海上风电累计装机容量为 5.93GW，风电装机容量占全部发电装机容量的比重已达到 10.4%。近年来，风电机发电性能不断提高，风电平价上网趋势愈加明显，并网限电问题也不断得到改善，这些利好因素共同推动着中国风电市场的持续上行。

从风电设施的空间分布上看，截至 2019 年年底，中国风电累计装机量最多的省份仍主要集中在东北、西北和华北地区，这三个地区风电装机量占全国风电总装机量的 70% 以上，累计并网装机容量最高的三个省（区）为内蒙古、新疆和河北，分别为 30.07GW、19.56GW 和 16.39GW。但从 2019 年的新增装机上看，有近一半的新增装机位于中部和东部地区，新增装机名列前茅的省份依次为河南（3.26GW）、河北（2.48GW）、山东（2.08GW）和山西（2.08GW）。中东部地区经济发展迅速，电力需求比较旺盛，加大对这些地区的风电投资力度，有利于改善当地的电力紧张状况，提高风能利用效率，实现更大的经济效益。

（2）弃风限电问题持续改善，风能利用效率稳步提高[1]

按照国家《可再生能源发展"十三五"规划》

---

[1] 《2018 年风电并网运行情况》，2019 年 1 月 28 日，国家能源局网，http://www.nea.gov.cn/2019 - 01/28/c_ 137780779.htm；《2019 年风电并网运行情况》，2020 年 2 月 28 日，国家能源局网，http://www.nea.gov.cn/2020 - 02/28/c_ 138827910.htm。

的要求，2020 年非化石能源占一次能源消费比重要达到 15%。作为重要的可再生能源，风电在能源结构转型中正发挥着越来越大的作用。随着风电累计装机规模的不断上升，风力发电量也在稳步增加。2018 年中国风电发电量为 3660 亿千瓦时，占全国总发电量的比例为 5.2%。2019 年，中国风电发电量 4057 亿千瓦时，同比增长 10.8%，占全国总发电量的比例达到 5.5%，比上年又提高了 0.3 个百分点。随着风电装机数量的不断增加，风机发电性能的持续提高，风力发电量及其占全国总发电量的比重还将保持攀升趋势。

由于国内的风电配套设施不断完善，电网输送能力不断提高，以及新增装机向中东部地区转移，风力发电中的弃风电量和弃风率问题有了明显改善。为了降低弃风率，中国建立了风电投资监管预警机制。2016 年，国家能源局发布《关于建立监测预警机制促进风电产业持续健康发展的通知》，提出通过建立由高到低的红、橙、绿三个风险等级，引导风电企业理性投资。自预警机制发布以来，全国以及高弃风率省份的弃风率明显下降。根据国家能源局提供的数据，2018 年中国风电发电弃风电量 277 亿千瓦时，平均弃风率 7%，同比下降 5 个百分点。2019 年 3 月，国家能源局发布《2019 年度风电投资监测预警结果的通知》，提出到 2020 年全国的目标是将弃风率控制在 5% 以下。按照这一要求，2019 年弃风率继续下降，全国弃风电量 169 亿千瓦时，较上年减少 108 亿千瓦时，平均弃风率为 4%，同比下降 3 个百分点，延续了弃风电量和弃风率的"双降"趋势。但新疆、甘肃和内蒙古的弃风问题仍较为严重，2018 年新疆、甘肃和内蒙古的弃风率均超过 8%，三省（区）合计贡献了全国弃风电量的 84%；2019 年三省（区）弃风电量合计 136 亿千瓦时，占全国弃风电量的 81%，较上年有所进步，但弃风率仍停留在 7% 以上，其中新疆弃风率高达 14.0%。这表明，优化风电发展区域布局依然任重道远。

（3）海上风电发展提速

中国东部地区海岸线长，海域面积广，风能资源丰富，发展海上风电的自然条件比较优越。海上风电也不会占用土地资源，对环境影响较小。在经济比较发达、能源需求持续增长的东部地区发展海上风电，对于增加电力供应、降低发电成本、完善电力布局具有重要意义。

中国海上风电起步较晚，但发展速度较快，海上风电装机已粗具规模。2018 年新增装机容量 1.65GW，同比增长 42.7%；新增装机主要分布在江苏、浙江、福建等东部沿海省份，江苏是中国海上风电规模最大的省份，2018 年新增海上风电装机容量达 0.96GW，占全国新增装机容量的 58%，目前江苏省海上风电累计装机容量已经突破 3GW，占全国海上风电累计装机容量的 50% 以上。① 2019 年中国海上风电装机规模继续扩大，全年新增装机 1.98GW，同比增长 20%。截至 2019 年年底，中国海上风电累计装机已达到 5.93GW，近两年新增装机占全部海上风电装机的比例达到 61%。②

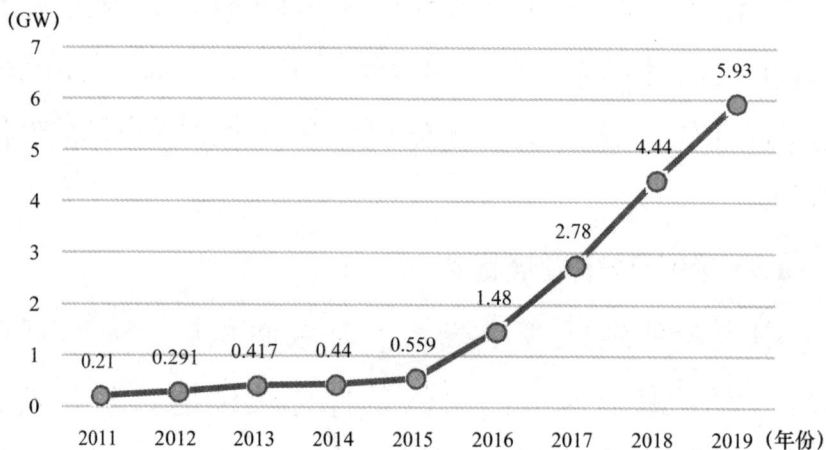

图 2—10　2011—2019 年中国海上风电累计装机容量的变化

资料来源：中国风能协会、国家能源局。

---

① 《2018 年中国海上风电行业市场分析：上海电气市场份额过半 江苏省装机容量领跑全国》，2019 年 10 月 18 日，北极星风力发电网，http://news.bjx.com.cn/html/20191018/1014346.shtml。

② 《2019 年风电并网运行情况》，2020 年 2 月 28 日，国家能源局网，http://www.nea.gov.cn/2020－02/28/c_138827910.htm。

3. 可再生能源

当前，中国已经成为全球光伏新增装机和累计装机容量最大的国家，中国光伏制造业也拥有了全球性的影响力。近年来，中国光伏新增装机容量的全球占比一直保持在 50% 左右，是全球光伏发展的重要拉动力量。随着国内电力改革的不断深入和弃光限电问题的逐步改善，光伏发电环境还将不断优化。根据中国光伏行业协会等机构的预测，在保守情境下，中国光伏市场未来几年将保持稳定增长，在 2023 年新增装机容量将上升到 55GW，超过 2017 年 53GW 的历史高点。而在乐观情境下，2021 年新增装机就将创下 60GW 的新高。[①] 但彭博新能源则没有那么乐观，认为 2020 年中国光伏新增装机将迎来短暂复苏，新增装机规模可能在 36.9GW 到 42.9GW 之间。而在光伏补贴完全退坡的情境下，未来中国光伏新增装机容量将稳定在 30GW 以下。[②] 国际能源署（IEA）则着眼于中国光伏市场的中长期展望，认为在现行政策情景下，在 2025 年、2030 年和 2040 年，中国光伏太阳能的累计装机容量预计将分别达到 350GW、443GW 和 612GW，2040

---

① 参考中国光伏行业协会、赛迪智库集成电路研究所发布的《中国光伏产业发展路线图（2018 年版）》。

② 参考彭博新能源财经全球光伏首席分析师 Jenny Chase 于 2020 年 1 月发布的 Global PV Demand Estimates。

年光伏在发电结构中的占比将达到 19%；而光伏太阳能发电量预计将分别达到 446TWh、582TWh 和 863TWh，到 2040 年，光伏在电力消费结构中的占比将达到 7%。在新政策情境下，在 2025 年、2030 年和 2040 年，中国光伏太阳能的装机容量预计将分别达到 408GW、602GW 和 935GW，2040 年光伏在发电结构中的占比将达到 26%；光伏太阳能发电量预计将分别达到 514TWh、793TWh 和 1313TWh，到 2040 年，光伏在电力消费结构中的占比将达到 12%。在可持续发展情境下，在 2025 年、2030 年和 2040 年，中国光伏太阳能的装机容量预计将分别达到 560GW、897GW 和 1506GW，2040 年光伏在发电结构中的占比将达到 36%；光伏发电量预计将分别达到 698TWh、1180TWh 和 2134TWh，2040 年光伏在电力消费结构中的占比将达到 21%。[1]

近年来，随着中国逐渐成为全球风电装机规模增长的主要动力，全球主要的能源研究机构也在持续看好中国风电市场。全球风能理事会（GWEC）于 2018 年对 2019—2023 年的中国风电市场进行了展望，认为 2019—2023 年风电装机量基本保持在 20GW—21GW，中国新增装机占全球新增装机的比重将从 30% 上升到 36%。[2]

---

[1]　参考 IEA 发布的 World Energy Outlook 2018。

[2]　参考 GWEC 发布的 Global Wind Report 2018。

IEA 的《全球能源展望2018》则对中国风电市场进行了中长期展望。在现行政策情景下，在2025年、2030年和2040年，中国的风电装机容量预计将分别达到294GW、347GW和428GW，2040年风电在发电结构中的占比将达到13%；风力发电量预计将分别达到604TWh、739TWh和1010TWh，到2040年，风电在电力消费结构中的占比将达到8%。在新政策情境下，在2025年、2030年和2040年，中国的风电装机容量预计将分别达到324GW、418GW和590GW，2040年风电在发电结构中的占比将达到16%；风电发电量预计将分别达到667TWh、899TWh和1387TWh，到2040年时风电在电力消费结构中的占比将达到12%。在可持续发展情境中，在2025年、2030年和2040年，中国的风电装机容量预计将分别达到361GW、528GW和875GW，2040年风电在发电结构中的占比将达到21%；风电发电量预计将分别达到740TWh、1145TWh和2070TWh，到2040年时风电在电力消费结构中的占比将达到21%。

尽管目前光伏太阳能和风能等可再生能源在中国一次能源中所占比例还不高，但近年来中国的可再生能源发展非常迅速，可再生能源在改善环境质量、完善能源供应结构方面已经开始发挥积极的作用，未来将具有更加广阔的发展前景。

表 2—1　　2018 年对 2019—2023 年中国风电新增装机展望

	2019 年	2020 年	2021 年	2022 年	2023 年
新增装机容量（GW）	20.0	20.0	21.0	21.0	21.0
全球占比（%）	31	30	34	32	36

资料来源：GWEC，Global Wind Report 2018.

尽管中国的可再生能源发展方兴未艾，但突如其来的新冠肺炎疫情对国内产业发展也造成了不小的冲击。从供给端来看，作为可再生能源发电设备的生产大国，疫情严重影响了国内产业链的正常运转，复工延迟和物流受阻也冲击了供应链体系。从需求端来看，疫情导致的经济下行使得国内用电需求也出现明显减少，2020 年 1—3 月，全社会用电量累计 15698 亿千瓦时，比上年同期下降了 6.5%。电力需求的减少在短期内有可能会抑制社会资本对可再生能源的投资热情。为了稳定可再生能源的发展，国家有关部门相继出台了一系列扶持政策。2 月 25 日，工信部在《关于有序推动工业通信业企业复工复产的指导意见》中，提出"继续支持智能光伏、锂离子电池等产业以及制造业单项冠军企业，巩固产业链竞争优势"。3 月初，《国家能源局关于 2020 年风电、光伏项目建设有关事项的通知》正式发布，明确了 2020 年的补贴和消纳政策，并针对疫情对部分项目进行了延期。这项政策主要针对国内市场的装机需求，它不仅延续了以往的政策精神，而且发布时间比往年更早，这些无不透出了积极的信号。目前，疫情的本土传播已经被有效阻断，随着扶持政策的不断落实，中国的可再生能源市场将逐步得到恢复。

（四）中国能源贸易及跨境投资形势与展望

1. 中国能源贸易形势

（1）石油贸易

中国2017—2019年原油进口量持续攀升，出口量持续下降，净进口持续扩大。2019年，中国进口原油数量为5.1亿吨，金额为2387.1亿美元，较2018年数量增加0.4亿吨，金额减少3.8亿美元；较2017年数量增加0.9亿吨，金额增加779.6亿美元。2019年，中国出口原油数量为81万吨，金额为3.6亿美元，较2018年数量减少182万吨，金额减少9.1亿美元；较2017年数量减少405万吨，金额减少14.6亿美元。如图2—11所示。

中国2017—2019年原油进口遍布全球，进口地域多元化趋势明显。 2019年，中国原油进口排名前五的国家为沙特阿拉伯、俄罗斯、伊拉克、安哥拉和巴西，其中从沙特阿拉伯的进口较上年升幅较大。2019年，

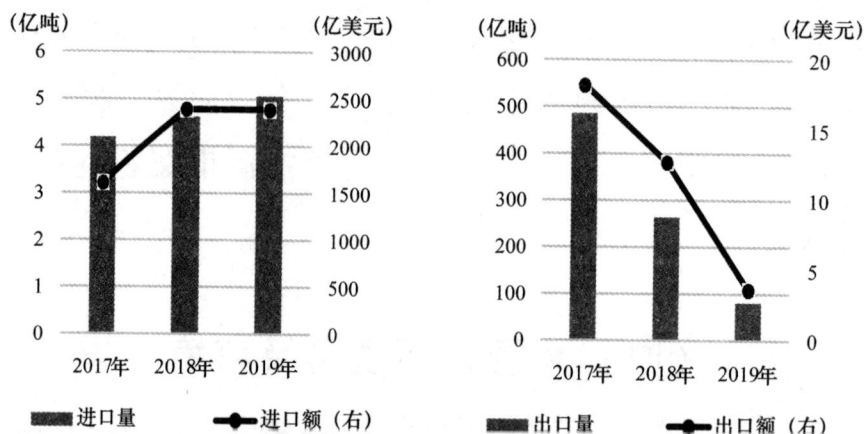

图2—11　2017—2019年中国原油进出口规模

资料来源：海关总署、CEIC数据库及笔者计算整理。

中国从排名前五的进口国进口原油的量占进口总量比重由53%上升到59%，进口更加集中。如表2—2所示。

表2—2　　　　　中国的原油进口量及中国进口排名前五的国家

	进口量（百万吨）			进口额（亿美元）		
	2017年	2018年	2019年	2017年	2018年	2019年
进口合计	420.0	462.0	505.9	1607.5	2390.9	2387.1
前五合计	222.4	252.4	300.4	858.6	1310.2	1415.2
沙特阿拉伯	52.2	56.7	83.3	204.4	296.5	400.8
俄罗斯	59.8	71.6	77.7	235.1	379.1	364.9
伊拉克	36.9	45.1	51.8	137.2	224.3	237.3
安哥拉	50.4	47.4	47.4	194.9	247.8	227.0
巴西	23.1	31.6	40.2	87.0	162.5	185.2

资料来源：海关总署、CEIC数据库及笔者计算整理。

中国 2017—2019 年成品油进出口量均有上升，净出口逐步扩大。2019 年，中国成品油进口数量为 3056.3 万吨，金额为 170.7 亿美元；较 2018 年数量减少 291.9 万吨，金额减少 31.1 亿美元；较 2017 年数量增加 91.9 万吨，金额增加 26.2 亿美元。2019 年，中国出口成品油数量为 6685.5 万吨，金额为 383.5 亿美元；较 2018 年数量增加 822.2 万吨，金额增加 25 亿美元；较 2017 年数量增加 1451.4 万吨，金额增加 128.5 亿美元。如图 2—12 所示。

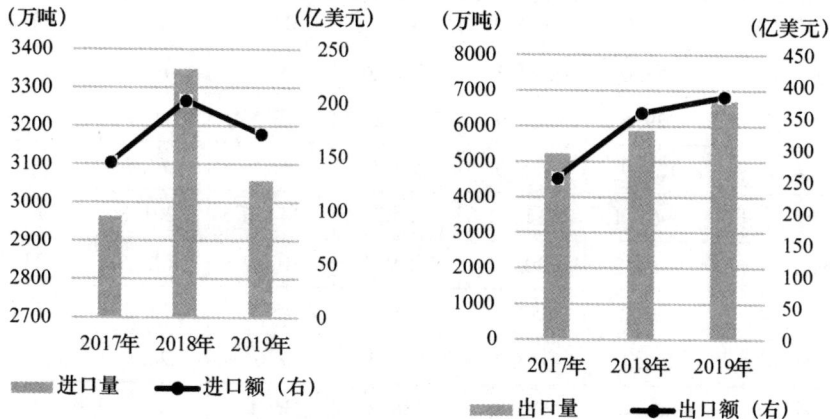

图 2—12   2017—2019 年中国成品油进出口数据

资料来源：海关总署、CEIC 数据库及笔者计算整理。

中国 2017—2019 年成品油进出口在全球较为活跃，进出口集中度较高。2019 年，中国成品油出口前五大市场为新加坡、菲律宾、澳大利亚、韩国、越南；向前五位国家出口的量占中国出口总量比重由 2018 年的 43% 略升至 45%。2019 年，中国成品油进口前五位的国家为韩国、马来西亚、新加坡、俄罗斯、日本；从前五位国家进口的量占中国进口总量比重保持在74% 左右。如表 2—3 所示。

表 2—3   中国成品油进出口的国别分布

	贸易量（万吨）			贸易额（亿美元）		
	2017 年	2018 年	2019 年	2017 年	2018 年	2019 年
出口合计	5234.0	5863.2	6685.5	255.0	358.5	383.5
前五合计	2265.7	2585.3	3006.6	115.2	163.8	173.3
新加坡	1229.7	1488.6	1494.5	63.3	93.7	84.6
菲律宾	414.9	380.9	566.2	20.4	24.2	32.6
澳大利亚	167.6	272.4	412.5	8.8	17.7	24.2
韩国	329.6	267.9	307.9	16.5	16.7	18.6
越南	123.9	175.5	225.5	6.2	11.5	13.3
进口合计	2964.4	3348.3	3056.3	144.6	201.8	170.7
前五合计	2184.9	2303.7	2269.7	102.9	133.5	123.9
韩国	823.8	853.9	791.2	45.5	58.0	47.8
马来西亚	183.1	519.3	591.3	7.0	24.5	29.1
新加坡	885.4	570.8	486.8	36.1	29.7	25.3
俄罗斯	178.4	173.9	245.5	8.2	10.2	12.5
日本	114.2	185.8	154.9	6.1	11.1	9.2

资料来源：海关总署、CEIC 数据库及笔者计算整理。

（2）煤炭贸易

中国 2017—2019 年煤炭进口量波动上升，出口量波动下降，净进口量持续扩大。2019 年，中国进口煤

炭数量为 3.0 亿吨，金额为 233.7 亿美元；较 2018 年
数量减少 0.2 亿吨，金额减少 11.3 亿美元；较 2017
年数量增加 0.3 亿吨，金额增加 7.8 亿美元。2019 年，
中国出口煤炭数量为 602.6 万吨，金额为 9.3 亿美元；
较 2018 年数量增加 109.2 万吨，金额增加 1.5 亿美
元；较 2017 年数量减少 214.6 万吨，金额减少 1.7 亿
美元。如图 2—13 所示。

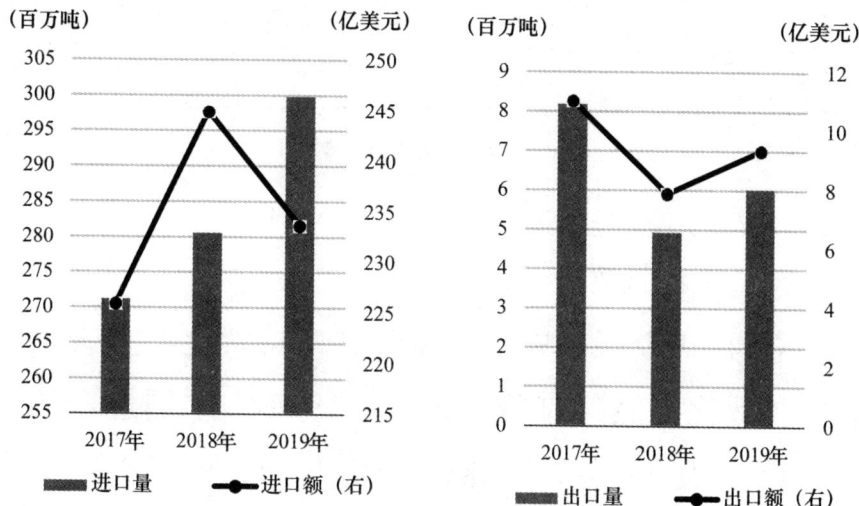

图 2—13　2017—2019 年中国煤炭进出口数据

资料来源：海关总署、CEIC 数据库及笔者计算整理。

**中国 2017—2019 年煤炭进口在全球较为活跃，贸
易集中度高**。2019 年，中国煤炭进口排名前五位的国
家为澳大利亚、印度尼西亚、蒙古、俄罗斯、加拿大。
中国从这五个国家进口的量占中国进口总量比重始终
保持在 95% 以上。如表 2—4 所示。

表 2—4　　　　　　　　　中国煤炭进口的国别分布

	进口量（百万吨）			进口额（亿美元）		
	2017 年	2018 年	2019 年	2017 年	2018 年	2019 年
进口合计	271.1	280.6	299.9	225.9	244.9	233.7
前五合计	256.5	272.6	286.8	213.4	237.3	225.8
澳大利亚	80.1	80.4	77.0	98.2	104.6	93.3
印度尼西亚	109.0	125.6	137.6	60.9	73.5	67.9
蒙古	34.0	36.2	36.2	22.1	28.3	30.8
俄罗斯	28.1	27.4	32.2	23.5	25.6	27.1
加拿大	5.3	3.0	3.8	8.7	5.3	6.7

资料来源：海关总署、CEIC 数据库及笔者计算整理。

（3）天然气贸易

中国 2017—2019 年天然气进口持续上升，管道天然气与液化天然气进口并重。2019 年，中国进口的天然气数量为 9698.2 万吨，金额为 418.9 亿美元；较 2018 年数量增加 652.2 万吨，金额增加 34.4 亿美元；较 2017 年数量增加 2826.4 万吨，金额增加 186.3 亿美元。2019 年，中国进口的管道天然气数量为 3631.4 万吨，金额为 130.6 亿美元；较 2018 年数量减少 29.5 万吨，金额增加 14.1 亿美元；较 2017 年数量增加 588.4 万吨，金额增加 45.3 亿美元。2019 年，中国进口的液化天然气数量为 6066.8 万吨，金额为 288.4 亿美元；较 2018 年数量增加 681.7 万吨，金额增加 20.3

亿美元；较 2017 年数量增加 2238.2 万吨，金额增加 140.9 亿美元。如图 2—14 所示。

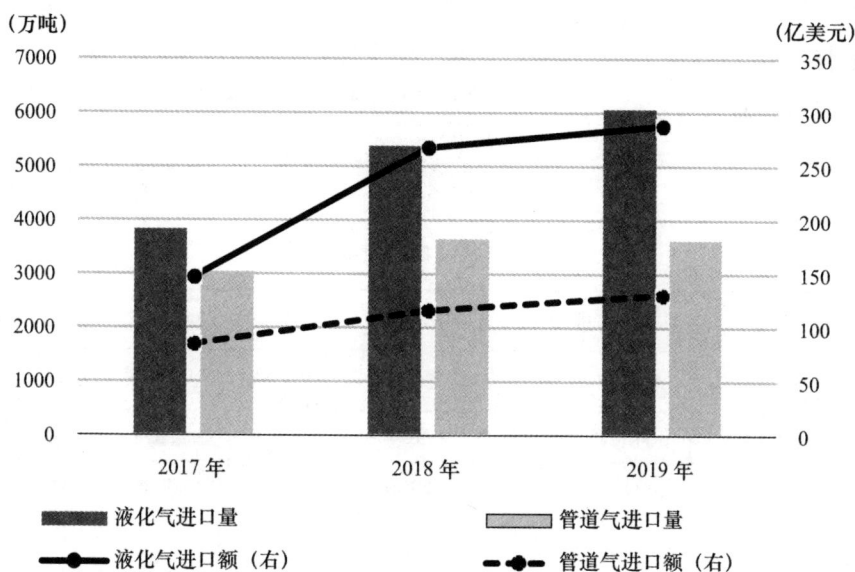

图 2—14　2017—2019 年中国天然气进口数据

资料来源：海关总署、CEIC 数据库及笔者计算整理。

中国 2017—2019 年管道天然气进口主要来自于亚洲，进口来源地日趋多元化。2019 年，中国进口管道天然气排名前四名的国家为土库曼斯坦、缅甸、哈萨克斯坦和乌兹别克斯坦，进口来源地更加分散，日趋多元化。

中国 2017—2019 年液化天然气进口量大幅提升，主要来自亚洲中东和东南亚、大洋洲、非洲西部、欧洲东北部。2019 年，中国液化天然气进口排名前五位的国家为澳大利亚、卡塔尔、马来西亚、印度尼西亚和巴布亚新几内亚。中国从这五国进口液化气的量占进口总量的比重由 2017 年的 89.5% 降至 2019 年的 83.6%，进口价值量份额由 2017 年的 88.8% 降至 2019 年的 84.0%，进口来源渠道多元化程度有所提升。如表 2—5 所示。

表2　5　　　　　　　　　中国天然气进口的国别分布

	进口量（万吨）			进口额（亿美元）		
	2017 年	2018 年	2019 年	2017 年	2018 年	2019 年
管道气合计	3043.2	3660.8	3631.1	85.3	116.4	130.6
土库曼斯坦	2451.2	2532.9	2406.4	65.3	79.6	86.1
缅甸	251.7	221.9	341.9	11.7	10.7	17.6
哈萨克斯坦	81.0	426.1	512.9	1.8	11.8	15.0
乌兹别克斯坦	259.3	479.9	369.9	6.5	14.3	11.9
液化气合计	3828.6	5385.1	6066.8	147.4	268.1	288.3
前五合计	3426.6	4589.2	5071.2	130.9	225.4	242.1
澳大利亚	1736.3	2349.1	2794.2	62.0	112.6	131.8
卡塔尔	748.9	924.1	833.5	33.4	50.6	46.5
马来西亚	421.4	577.8	691.2	14.6	25.1	27.1
印度尼西亚	307.1	490.0	456.1	11.9	24.0	21.2
巴布亚新几内亚	212.9	248.2	296.2	9.0	13.1	15.5

资料来源：海关总署、CEIC 数据库及笔者计算整理。

2. 中国跨境能源投资形势

（1）中国跨境能源投资规模

在全球跨境能源直接投资规模总体下降的背景下，

中国的对外能源直接投资规模也出现了大幅下降。中国对外能源直接投资规模由 2017 年的 303.6 亿美元，逐步降至 2018 年的 216.3 亿美元和 2019 年的 59.8 亿美元，占全球跨境能源直接投资的比重相应由 9.9% 降至 7.0%、2.4%。与此同时，中国对外能源投资占对外直接投资的份额也由 2017 年的 13.3% 大幅降至 2019 年的 5.1%。

　　鉴于中国是一个能源稀缺的国家，中国能源行业吸引的外商直接投资规模远低于对外投资水平，但由于中国的能源消费市场规模巨大，外商对华能源投资呈现稳定的增长态势。在 2017 年、2018 年，中国能源行业外商直接投资规模分别为 16.2 亿美元、17.5 亿美元，占中国外商直接投资总规模的 3.9%、1.6%，占全球跨境能源直接投资的比重分别为 0.5%、0.6%。2019 年，中国能源行业外商直接投资规模骤升至 76.4 亿美元，占当年中国外商直接投资总规模的 10.7%，占全球跨境能源直接投资的比重也升至 3.0%。2019 年中国能源行业外商直接投资额出现骤升，是因为一个特大型项目。2019 年 9 月，辽宁宝来集团有限公司与荷兰利安巴塞尔工业公司签订了总投资额达 120 亿美元的轻烃项目，双方各占 50% 的股权，利安巴塞尔总投资额达 60 亿美元。

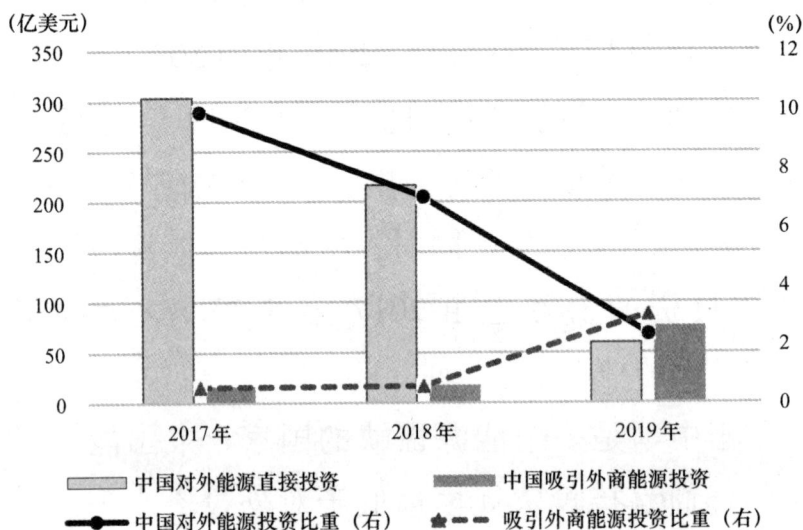

图 2—15　2017—2019 年中国能源行业对外直接投资、吸引外商直接投资规模及比重

资料来源：Dealogic、FDI Intelligence 数据库。

（2）中国对外能源投资方式

从对外投资方式来看，中国对外能源绿地投资规模先升后降，而并购投资规模出现了持续下降的趋势。2017 年，中国对外能源并购投资规模为 253.7 亿美元，占中国对外能源直接投资总额的 83.6%；而绿地投资规模为 49.8 亿美元，占对外能源投资的份额为 16.4%。显然，并购投资方式占主导地位，其规模和份额远远超过绿地投资。但是，2018 年，中国跨境并购投资规模骤降至 56.9 亿美元，降幅达 77.6%；而绿地投资规模达 159.4 亿美元，增速达 2.2 倍。从而绿地投资占比升至 73.7%，跨境并购份额跌至

26.3%。2019 年，绿地投资规模骤降为 23.7 亿美元，仅为上年水平的 14.9%，并购投资规模则继续降至 36.1 亿美元。

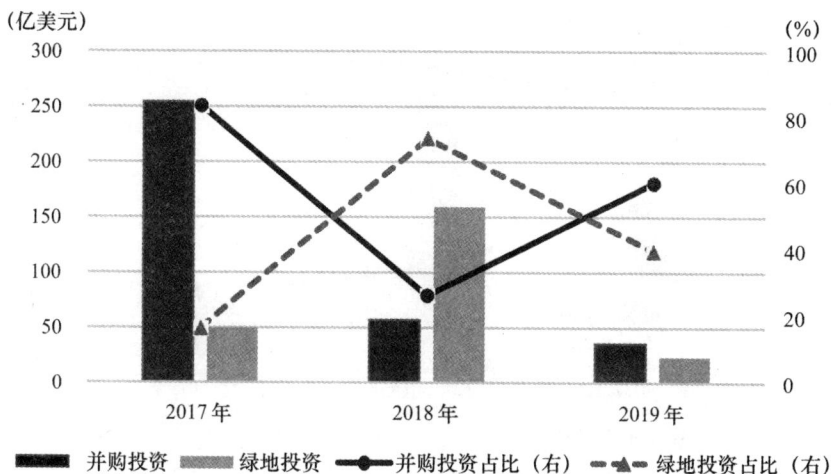

图 2—16　2017—2019 年中国对外能源并购、绿地投资规模及比重

资料来源：Dealogic、FDI Intelligence 数据库。

（3）中国对外能源直接投资的区域分布

整体来看，2017 年以来，中国对外能源直接投资的主要目的地是发展中国家。除去中国香港、开曼群岛等避税港，2017 年中国对发展中国家的能源投资规模为 218.6 亿美元，对发达国家的能源投资规模为 83.6 亿美元，前者为后者的 2.6 倍。2018 年，中国对发展中国家、发达国家的能源投资规模分别降至 172.7 亿美元、41.5 亿美元，投资份额分别为 80.6%、19.4%。2019 年，中国对发展中国家、发达国家的能源投资规模分别进一步降至51.5亿美元、8.1亿美元，其投资份额分别为86.5%、15.6%。

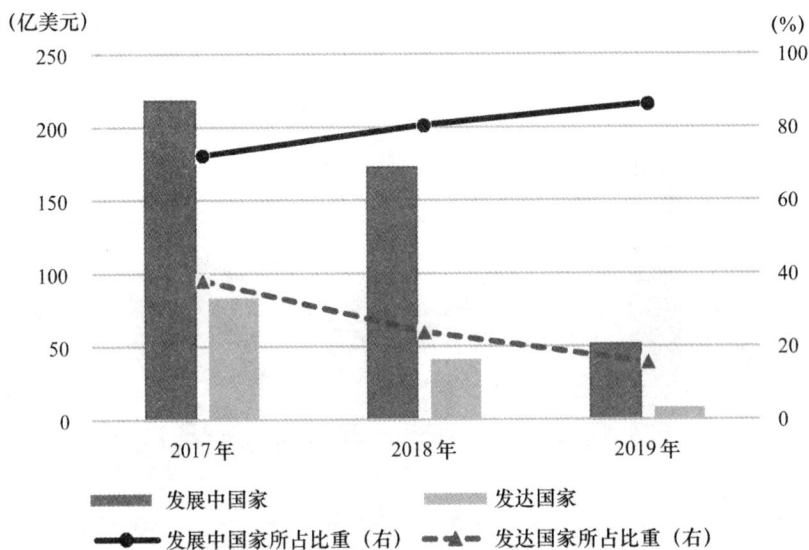

图2—17 2017—2019年中国对外能源直接投资分布及比重

资料来源：Dealogic、FDI Intelligence数据库。

从区域分布来看，中国对外能源直接投资主要目的地是亚洲、拉美和北美地区。2017—2019年，拉美地区是中国对外能源投资的第一大目的地，中国对拉美能源直接投资累计为210.0亿美元，占三年来中国对外能源直接投资的46.2%；其次为亚洲、北美地区以及大洋洲，累计能源投资规模分别为151.9亿美元、47.9亿美元和44.9亿美元。2017年，中国对拉美地区能源直接投资额为146.9亿美元，拉美地区是投资额最大的地区，其次为亚洲、北美地区和大洋洲，投资额分别为 57. 2 亿美元、39. 7 亿美元和 34. 7 亿美元。
2018 年，中国对亚洲国家的能源投资升至 81. 4 亿美
元，而对拉美、北美和大洋洲国家的能源投资额分别
降至 28. 3 亿美元、7. 6 亿美元和 7. 5 亿美元。2019
年，中国对外能源直接投资最多的地区是拉美地区，
规模为 34. 8 亿美元；其次是亚洲地区，规模为 13. 3
亿美元；对大洋洲、北美的能源直接投资规模分别降
至 2. 6 亿美元、0. 7 亿美元。

　　新冠肺炎疫情在全球快速流行对中国的境外能源
投资构成严重冲击。在国际旅行禁令和封城的条件下，
中国能源企业很难开展对外投资活动。不过，在国际
油价暴跌的情形下，国外能源企业资产的估值较低，
这将鼓励中国企业开展海外能源投资。预计 2020 年中
国对外能源投资将会大幅下滑，在 2021—2022 年会出
现恢复性增长。

三 美国制裁伊朗对原油
和经济的影响

（一）美伊冲突的历史由来与前景

1. 美伊冲突的历史由来

伊朗伊斯兰革命的爆发，使美伊关系严重恶化。伊朗位于富含油气的中东地区，北接中亚诸国，南邻波斯湾，扼守霍尔木兹海峡，地缘战略位置十分重要。伊朗的石油和天然气储量非常丰富，是石油输出国组织 OPEC 的创始国之一，在国际石油市场上曾产生重大的影响力。自 20 世纪 50 年代起，美国长期支持亲美的巴列维国王，美伊两国在较长的时期里保持着密切往来。在美苏对峙的冷战时期，伊朗曾经是美国在中东地区最重要的盟友之一，在遏制苏联向中东的政治渗透和军事扩张中发挥过重要的作用。20 世纪 70 年代的国际油价暴涨使伊朗经济出现了快速增长，但伊朗的政治腐败、社会贫富不均、世俗社会与宗教传统的冲突等问题却越来越严重，最终导致 20 世纪 70 年代末期伊斯兰革命的爆发。巴列维国王被推翻并流亡国外，什叶派宗教领袖霍梅尼建立了政教合一的伊朗伊斯兰共和国。伊斯兰革命后建立的伊朗政权由亲美转向反美，实行"不要东方，不要西方，只要伊斯兰"的外交政策。伊朗抗议者占领美国大使馆并扣押了美国外交官，酿成了震惊世界的人质事件，导致美伊关系严重恶化。美国立即启动对伊朗的制裁措施，并策划了两次营救人质行动，但均以失败告终。1980 年卡特政府宣布美国与伊朗断交，美伊关系降至冰点。

美伊断交以后，美国历届总统一直奉行对伊遏制政策。在两伊战争期间，美国不仅为伊朗的对手伊拉克提供了大量的军事援助，而且在波斯湾海域与伊朗发生过直接的低烈度海上军事对抗。在美伊关系极度紧张的这段时期，由于美国军舰"文森斯"号的误判，发生了美军击落伊朗航空 665 航班的悲剧，导致 290 名旅客（包括 66 名儿童）丧生，这起空难将伊朗民众的反美情绪推向了新的高潮。

美国利用伊核问题推动对伊制裁，双方关系更趋紧张。为了更好地保障本国的安全，伊朗从 20 世纪 90 年代开始秘密研制核武器。但这个秘密计划在 2002 年被曝光，引起了国际社会尤其是美国和中东国家的不安。一旦伊朗拥有核武器，不仅将改变中东地区国家间的力量均衡，而且会对美国在中东的现实利益和地区影响力构成挑战。为了迫使伊朗放弃核计划，美国多次威胁要将伊朗核问题提交联合国安理会讨论。伊朗则允许国际原子能组织视察核设施，以证明核工程只用于和平目的。在经过长时间的多方博弈之后，2006 年 3 月，联合国安理会发表主席声明，要求伊朗停止一切核活动，但遭到伊朗拒绝。联合国安理会在2006 年年底通过了 1737 号决议，决定对伊朗实施制裁。2006—2010 年，安理会通过了六个伊朗核问题决议，对伊朗实施了四轮制裁。

伊核协定的签署，美伊关系有所缓和。进入 21 世纪以来，伊朗面临的地缘政治环境发生了新的变化。美国在伊拉克战争和阿富汗战争中消耗了大量的资源，急于从中东事务的泥潭中抽身而退，而国际金融危机又严重削弱了美国的经济实力，页岩气革命也使得美国对中东油气资源的依赖程度大大降低，这些因素共同推动了美国中东战略的重大调整。美国开始放松在伊核问题上的立场，时任总统奥巴马在联大发言时宣布，美国"不谋求改变伊朗政权，并尊重伊朗人民和平利用核能的权利"，这一立场很快得到了伊朗的积极回应。伊朗与伊核问题六国（联合国五大常任理事国和德国）及欧盟开展了艰难的磋商，最终于 2015 年 7月 14 日在维也纳达成了解决伊核问题的最终协议——

《联合全面行动计划》，这个协议也得到了联合国安理会2231号决议的确认。这标志着美伊矛盾的焦点——伊核问题得到了政治解决。

按照《联合全面行动计划》的要求，伊朗承诺将把离心机的数量削减2/3，重申在任何情况下都不会寻求、开发和获得任何核武器；伊朗在《不扩散核武器条约》相关规定下，也完全拥有和平利用核能的权利；在国际原子能机构对伊朗核计划的和平性质进行核实之后，联合国、美国以及欧盟将解除对伊朗的经济和金融制裁。随着协议的生效，国际社会从2016年起取消了对伊朗的大部分经济制裁。伊朗充分利用有利的国际环境，通过大量的油气出口，使经济状况有了明显改善，地区影响力也在不断扩大。

美国单方面退出伊核协定，美伊关系再度恶化。特朗普担任美国总统之后，一度转暖的美伊关系又开始恶化。2018年5月8日，特朗普正式宣布美国单方面退出伊朗核问题协议，对伊朗重新实施制裁措施。从2018年8月起，美国启动了多轮制裁行动，先后对涉及伊朗金融、金属、矿产、汽车等非能源领域以及石油、天然气等能源领域的几百个实体和个人实施制裁，企图彻底封锁伊朗的石油出口以及其他经济活动，切断伊朗的主要收入来源，诱发伊朗的经济崩溃和社会动荡，从而迫使伊朗政权改弦易辙。为了达到极限施压的目的，美国在对伊实施经济制裁的同时，还在政治和军事上施压，将伊朗伊斯兰革命卫队认定为"外国恐怖主义组织"。伊朗不甘示弱，也宣布美国政权为"恐怖主义的国家支持者"，美国中央司令部和所有附属部队为"恐怖组织"。伊朗还宣布分阶段中止履行伊核协议部分条款。美伊之间的紧张关系持续升级，双方的对抗也从政治经济领域延伸到军事领域。2019 年年底，美国在伊拉克的一处军事基地遭到袭击，美国指责伊朗是袭击的幕后指使者，并刺杀了伊朗伊斯兰革命卫队的情报主管苏莱曼尼将军，伊朗很快进行了报复，对驻伊拉克的美军基地进行了导弹袭击。尽管在多方的外交斡旋下，美伊双方一触即发的军事冲突有所缓解，但由于美伊矛盾根深蒂固，双方关系在短期内得到明显改善的前景并不乐观。

2. 美伊冲突的未来走向

未来美伊两国发生以攻击对方本土为特征的大规模热战的可能性较小。从美伊两国总体国家战略来看，发生大规模热战不符合双方利益。伊朗的总体战略目标主要有两点：一是保持国内经济稳定，防止长时间陷入经济困顿；二是利用过去美国中东政策的失误拓展地区影响力，营造有利于伊斯兰教什叶派发展壮大的外部环境。显然，对伊朗而言，与世界头号军事强国开战，不但无法达成上述目标，还有可能导致国内政权更迭。美国当前的战略重点依然是亚太地区，伊朗在美国安全战略报告中的排序低于俄罗斯和中国。美国的中东策略是尽量以最小成本遏制伊朗，把控地区形势走向。考虑到伊朗在中东地区相对的经济体量、军事实力及其与俄罗斯的外交关系，美国不会贸然投入大量兵力，陷入胜负未知的持久战。

从过去和当前美伊的具体行动来看，美伊两国为避免大规模热战保留了余地。在"全球鹰"无人机被击落后，特朗普称因不忍人员伤亡在最后关头撤销了出兵命令；暗杀苏莱曼尼选择在伊朗国外而非本土，特朗普直接表态不寻求更迭伊朗政权；考虑到1979年美驻伊朗大使馆人质事件曾给美国造成的心理阴影，暗杀更多意在威慑、警告；伊朗实施报复行动后，特朗普及时止损，未让局势进一步升级。伊朗方面则是分阶段性地不执行伊核协议，而非一次性解约；苏莱曼尼遭暗杀后，哈梅内伊表态将会报复美国，但用词从未与战争挂钩；伊朗攻击美国驻伊拉克军事基地后，外交部长扎里夫及时表示此为自卫行动，伊朗不会主动挑起战争。

未来一段时间美伊两国在中东地区的相互缠斗将加剧。经过撕毁伊核协议、极限施压等阶段，美国的对伊政策除造成伊朗经济困难以外，并未取得过多战略目标。伊朗未被束缚手脚,在叙利亚、伊拉克、也门、卡塔尔等地的海外影响力有增无减,特别是新月地带区域局势发展越来越有悖于美国的中东安全利益。美国势必将采取更加强硬和多样化的措施进一步遏制伊朗。而美方的高强度施压必然引起伊方的反制。接下来最有可能发生的热点事件包括:伊朗利用伊拉克议会驱逐美军,美军不会就范,美伊两国将以伊拉克为主战场进行小规模的试探性的战斗,并可能延及叙利亚;伊朗可能会选择攻击美国政府官员和相关军事设施,双方陷入互相暗杀与袭击、报复与反报复的恶性循环;不能排除美国利用以色列为代理人,与伊朗直接博弈,即以色列有可能空袭伊朗核设施。

美伊的海外争夺较大可能发生在叙利亚、伊拉克,即新月地带一侧,远离石油生产和运输密集的海湾地区。因沙伊矛盾,伊朗不会主动将海湾国家卷入其中,给自己带来更多麻烦,且苏莱曼尼事件后海湾国家均表示沉默,未给伊朗添乱。对于伊朗来说,封锁霍尔木兹海峡是万不得已的底线行为,不会主动为之让美国有可乘之机。美国在伊拉克驻军已是岌岌可危,不会另辟第二战场,只能进行海上威慑而非实际行动。并且,考虑到先前中俄伊海上军演、中巴海上军演的暗示,美国在海湾地区的军事行动会更加慎重。

（二）美国历次制裁对伊朗经济和原油市场的影响

1. 对伊朗经济的影响

美伊交恶始于 1979 年的美国驻德黑兰大使馆事件。此后的 40 多年，美国多次以核问题、恐怖主义、人道主义灾难等各种理由对伊朗进行制裁，从卡特总统签署第 12170 号行政命令，宣布禁止美国从伊朗进口石油，冻结伊朗在美国约 120 亿美元的资产，直至特朗普政府的"极限施压"政策。在此期间，美国历届总统几乎都曾签订相关文件和法案，使美国对伊朗的制裁不断延续。虽然美国对伊朗的制裁力度在逐步加大，制裁范围不断扩大，制裁的核心仍然是伊朗的油气产业。历次制裁已经给伊朗造成严重的经济困难。

石油收入锐减，经济下滑。美国对伊朗制裁最常用的手段就是对伊朗实行石油禁运，限制伊朗的原油及油制品出口。原油出口是伊朗经济的支柱和外汇的主要来源。随着美国制裁的不断升级，加之多年制裁使油气行业投资乏力，伊朗石油生产设备日渐老化，石油生产和出口受损严重，能源业发展远远落后于既定目标。尤其在 2012 年 6 月 28 日美国加大制裁力度和制裁时限，第一次将对伊金融制裁扩大到所有外国金融机构，并从金融扩展至贸易、能源和人员等多个领域，力求全面切断伊朗中央银行与全球金融体系的联系。这轮制裁使伊朗原油出口从 2011 年的 253.7 万桶/日，锐减至 2015 年的 108.1 万桶/日。2016 年《伊核协议》达成后，美国部分解除了对伊制裁，伊朗原油出口恢复到 200 万桶/日以上的水平，2018 年 5 月达到几年来的最高出口量 230 万桶/日。

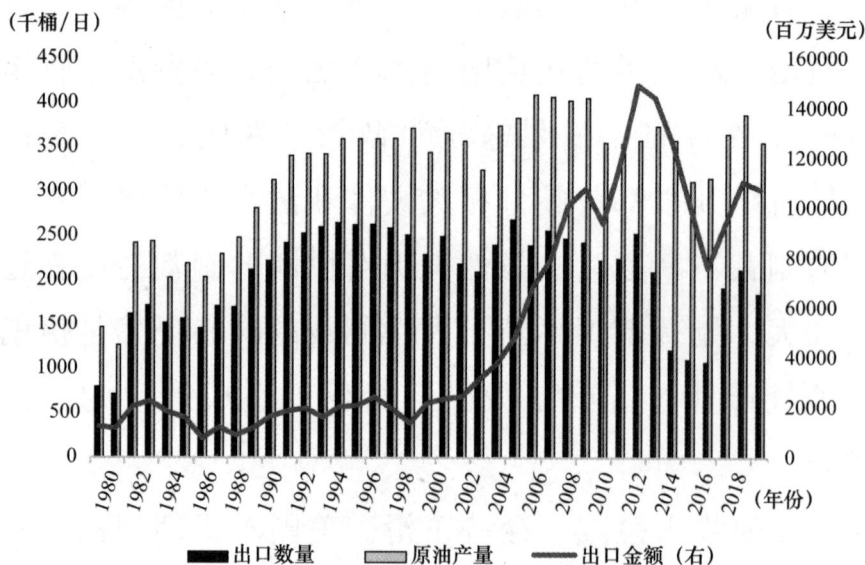

图 3—1　1980—2018 年伊朗的原油生产和出口情况变化

资料来源：OPEC、Wind 和笔者的整理。

宏观经济指标大幅波动。石油出口的减少导致伊朗的 GDP 增长率、人年均消费支出、进出口贸易等出现剧烈波动。从图 3—2 看，在 1980 年、1981 年、

1984 年、1986 年、1988 年、1994 年、2012 年、2013
年、2015 年等几个重要的制裁时间节点，伊朗的 GDP
都无意外地出现了负增长，贸易额占 GDP 比重及人均
消费支出也随之下降。从世界银行的数据看，1990 年
以后，伊朗的失业率基本维持在 12% 左右的水平。[①]
尽管不断遭受制裁，除个别年份外，伊朗的国内生产
总值仍然处于增长的趋势。伊朗国内生产总值从 1980
年的 944 亿美元逐步增长至 2000 年的 1100 亿美元和
2017 年的 4540 亿美元。[②]

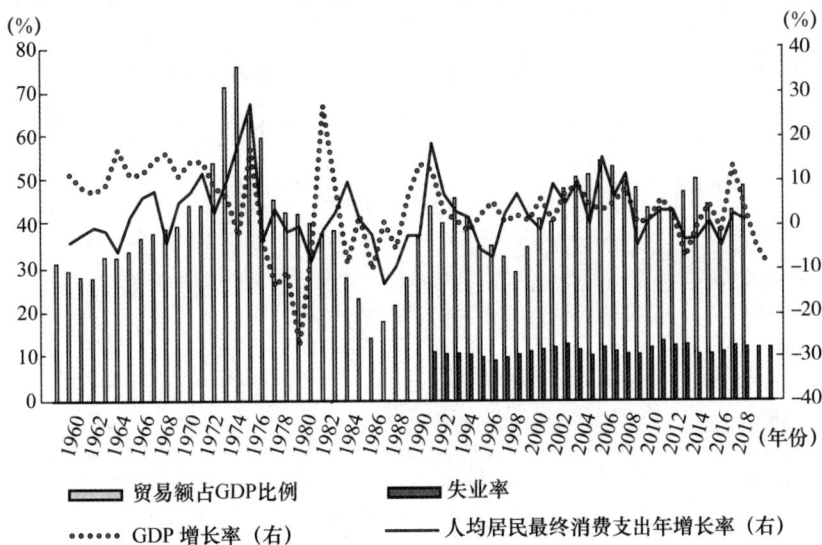

图 3—2　1960—2018 年伊朗的 GDP 增速、失业率和人均消费增长率

资料来源：笔者根据世界银行和 EIU 数据整理。

---

① 资料引自世界银行数据库，与 EIU 等数据略有差异。
② 资料引自世界银行数据库。

　　伊朗货币里亚尔不断贬值。从 2001 年开始，伊朗里亚尔与美元的汇率出现大幅贬值的情况。在 2011 年之前，里亚尔汇率由伊朗央行官方公布的市场浮动汇率确定，2013 年伊朗央行大幅提高官方汇率为 1 美元兑 24777 里亚尔，并有一定的浮动空间。2017 年，为了应对外汇市场史无前例的波动，伊朗政府宣布官方汇率为 1 美元兑 42000 里亚尔。根据《反货物和外汇走私法》，任何高于该汇率的外币交易都将被视为非法交易并受到惩处。尽管伊朗政府宣布了该汇率是唯一的官方汇率，但也会根据通货膨胀率进行调整。但在 2018 年 7 月，在伊朗的黑市上，1 美元可以兑换 11 万里亚尔，而且趋势还在上涨。伊朗本国货币贬值，导致输入型通货膨胀问题，物价跟着飞涨。

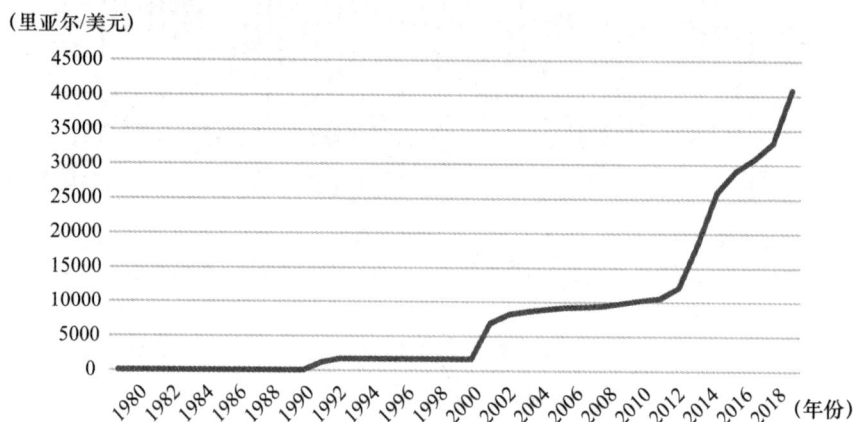

图 3—3　1980—2018 年美元兑里亚尔的官方汇率

资料来源：世界银行数据库。

金融系统出现动荡。2008 年，美国根据《伊朗和利比亚制裁法案》强化了对伊朗的制裁，导致伊朗官方银行贷款利率低于存款利率，迫使伊朗政府采用各种财政和货币政策来维持其金融市场的稳定，包括进一步控制资本流动和短暂关闭银行等措施，以避免消费者产生恐慌。美国特朗普政府的新制裁也可能会给伊朗经济带来类似的挑战。

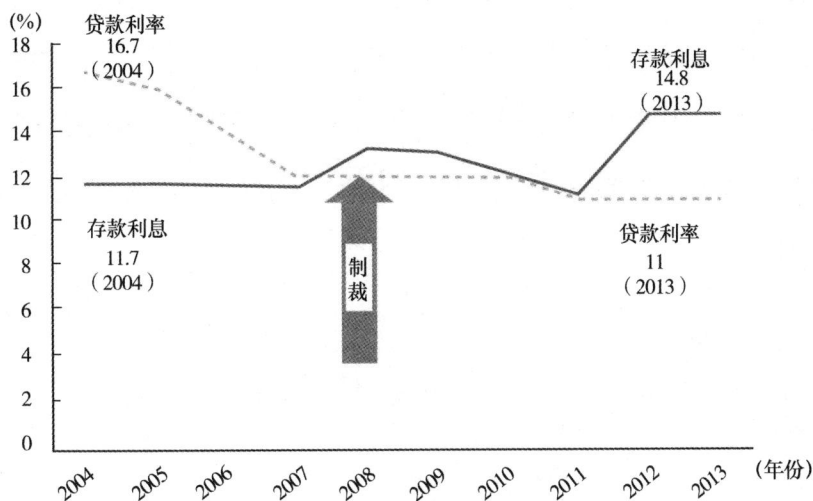

图3—4　美国 2008 年对伊朗的制裁及伊朗的利率变化

资料来源：Carlo Andrea Bollino, et al., "Iran Sanctions：Implications for the Oil Market", *KAPSARC Working Paper*, May 2019.

通货膨胀和预算赤字上升，外债下降。美国的每次制裁，均会导致伊朗通货膨胀率急剧上升，而制裁解除后，通货膨胀率将逐步回落。受制裁后，伊朗政府石油收入大幅减少，政府预算赤字增加。1998 年，

伊朗预算赤字占 GDP 的比例达到 6%。2000—2012
年，由于油价持续大幅上涨，伊朗政府收入有所改
善，财政尚有结余。2012 年，奥巴马政府对伊朗实
施新的制裁，导致其石油收入减少，预算赤字再次出
现，且有逐年增加的趋势。2017 年，伊朗的财政状
况略有好转。2008 年，伊朗外债为 286.5 亿美元，
此后不断减少。2015 年《伊核协议》的达成，国际
社会对伊朗的制裁逐步缓解，伊朗的石油出口收入增
加，外债规模跌至 51.1 亿美元，国际储备总额在
2015 年达 1159.9 亿美元。2018 年，伊朗外债规模上
升为 109 亿美元。1993 年以后，伊朗的外债存量占国

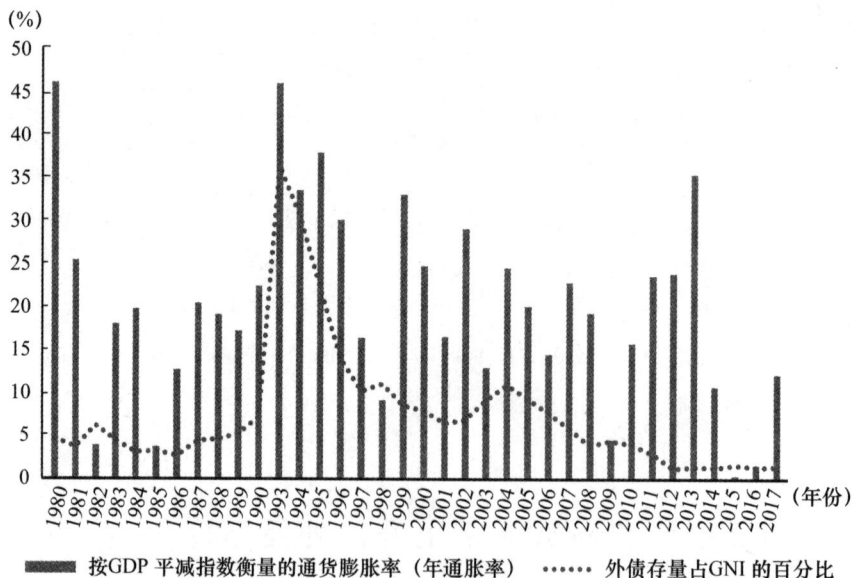

图 3—5　1980—2017 年以来伊朗的通货膨胀率和外债占国民总收入的比率

资料来源：世界银行数据库。

民总收入（GNI）的比例一直处于下降趋势，2011 年以后一直保持在 5% 以下，外债总体处于安全的状态。

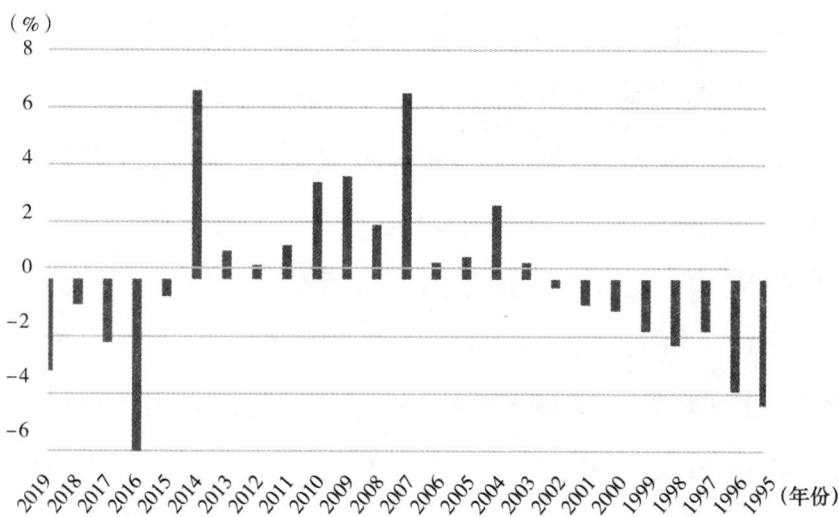

图 3—6　1995—2019 年伊朗预算余额占 GDP 的比例

资料来源：https：//tradingeconomics.com.

总体来看，长达 40 年断断续续的制裁与解除制裁，使得伊朗的经济具有一定的"韧性"。在制裁期间压缩原油产量，减少出口，容忍经济的下滑，必要时也在制裁规则允许的情况下，通过举债或者争取人道主义援助来缓解危机。一旦制裁放松或者解除，则加大原油生产和出口，快速增加政府收入和外汇储备，如果赶上国际油价在高位，外汇储备将会大幅增加，相对增强了伊朗的经济实力和对抗风险的能力。从这个角度看，虽然历次的制裁都对伊朗经济产生了一定的负面影响，但每次制裁后伊朗最终都能够生存下来，接着面对下一次可能来临的制裁。这是伊朗40年来面对制裁的真实写照。

需要指出的是，制裁导致美国和欧洲对伊朗的出口受到损失。频繁的制裁使伊朗面临着美国企业出口供给的不确定性。为了消减未来制裁可能带来的风险，伊朗尽量避免从美国企业进口产品，从而使非美国企业在伊朗市场获取了竞争优势。根据美国伊朗关系理事会的一份报告，制裁伊朗也使美国经济受损。1995—2014年，美国至少损失了2030亿美元，对伊朗的潜在出口收入损失达2720亿美元。欧洲也因制裁伊朗付出了代价，其中德国的损失最大，其在2010—2014年出口收入损失1503亿美元，而意大利、法国分别损失了850亿美元、588亿美元的出口收入。实际上，这些估计数字仅反映了出口行业的损失，并不包括其他经济损失，如制裁造成国际油价上涨会增加石油进口成本。同时，美国对伊朗的制裁，也损害了与伊朗有密切石油贸易的亚洲国家的利益。对于中国、印度、韩国和日本等伊朗石油主要出口国家而言，禁止从伊朗进口石油，不仅意味着原油进口渠道的减少，而且还要付出较高的原油进口成本。

2. 对国际原油市场的影响

中东的任何地缘政治紧张局势都会导致油价短期

上涨。2011—2013 年，尽管石油供给宽松，经济增长下滑，但国际油价走势并没有出现明显下滑，而是高位波动。美国历次制裁伊朗，均导致国际油价在短期大幅上涨。这很大程度上是由于制裁导致市场对石油供给预期下调，从而出现油价的大幅波动。

伊朗制裁主要从两个方面影响市场供给预期：一方面，伊朗是全球第五大石油生产国，日产量为 220 万桶，约占世界产量的 5%；另一方面，伊朗可能通过影响其他中东产油国，如沙特阿拉伯，从而对全球石油供给形成冲击。伊朗可能将封锁霍尔木兹海峡作为对制裁的反制，这是国际石油市场面临的最严重的风险。霍尔木兹海峡是运输近 30% 世界石油供应的关键水路，若该海峡停运，将出现严重的石油供给中断。历次制裁前期，伊朗频繁在霍尔木兹海峡进行军事演习，旨在传递将通过封锁所有通过霍尔木兹海峡的石油运输来反击制裁的信号。2011 年 12 月底，伊朗在霍尔木兹海峡附近进行了为期 10 天的军事演习，试射了数枚导弹；2012 年 1 月 23 日，欧盟通过伊朗进口石油禁令，对伊朗实施制裁；2012 年 2 月 4 日，伊朗再次在霍尔木兹海峡附近海域举行为期 1 个月的海军演习。紧张局势的加剧和欧盟禁令对欧洲石油供应的预期，推动了全球油价大幅上涨——布伦特原油期货价格在 2011 年 12 月 23 日—2012 年 1 月 4 日涨幅达 5%，至

108 美元/桶；2012 年 2 月 3 日—3 月 3 日涨幅达 8%，至 124 美元/桶。2012 年 7 月 2 日—7 月 4 日，伊朗在欧盟正式对伊朗实施石油禁令时举行"伟大先知 7"军事演习，展示其捍卫国家利益的决心。2012 年 7 月 3 日，布伦特原油期货价格较上一个交易日上涨 3.4%，至 100.68 美元/桶。

事后来看，美国历次对伊朗实施制裁，对国际油价的影响均是短期的。主要有四个方面的原因：第一，由于美国经济对低油价的依赖性，制裁措施的制定要尽量在制裁对伊朗经济造成的损害，和制裁导致油价上涨对全球经济造成的损害之间寻求平衡，因此制裁重点针对伊朗以全球正常定价出口原油的能力。第二，由于全球化发展，美国对伊朗的制裁作用逐渐减弱，只有在多边制裁的情景下才能达到显著的效果。美国对伊朗的制裁伤害了欧亚等石油进口国的利益，因此并不能得到这些国家的极力配合。第三，伊朗制裁对油价影响的程度，往往取决于全球经济局势和石油市场供需局势，而随着全球能源多极化发展，全球石油供给增长使得伊朗在全球石油中的地位有所动摇，除非伊朗有进一步的威胁全球石油供应的举动，否则原油价格因制裁而上涨的幅度有限。第四，市场判断伊朗军事封锁霍尔木兹海峡的可能性不高。伊朗关闭海峡，将对伊朗经济造成最大限度的伤害，而伊朗石油出口收入占其政府预算的半数以上，因此，如果伊朗采取军事行动封锁海峡，对伊朗自身影响将是灾难性的。

（三）本轮制裁的内容以及伊朗和国际社会的应对

1. 制裁的主要内容

美国自退出《伊核协议》并在 2018 年 5 月重启对伊朗经济制裁后，制裁力度和范围不断加强和扩大。2020 年 1 月 10 日晚，美国财政部海外资产控制办公室（OFAC）发布了对伊朗最大的钢铁、铜、铝制造商以及与之发生交易的相关实体的新制裁。这一制裁启动的同时，特朗普又签署一份新的"扩大对伊朗其他行业制裁"的行政命令（Executive Order 13902），将制裁范围进一步扩大至伊朗的建筑、采矿、制造和纺织行业，作为对 2020 年年初伊朗向驻伊拉克美军发动导弹袭击的经济惩罚。从 2020 年年初始，美国针对伊朗实施了一系列制裁措施，既有依据之前签发的行政命令追加的制裁，也有为扩大制裁范围新签发的行政命令。制裁措施既包括经济层面的制裁，也包括外交层面的制裁。

（1）针对伊朗石油行业的制裁

2018 年 5 月 8 日，特朗普宣布美国退出伊核协议，

对伊朗实施严厉的制裁，禁止伊朗原油出口。2018 年
11 月 5 日，美国启动对伊朗能源、航运以及中央银行
对外交易等领域的制裁，制裁名单增加 700 个实体和
个人，并给予中国大陆、中国台湾、印度、韩国、土
耳其、意大利、希腊、日本 8 个国家和地区 180 天进
口伊朗原油的临时豁免，这些国家和地区占据了七成
以上的伊朗原油出口份额。

从力度看，特朗普政府对伊朗的制裁力度超过了
以往美国历届政府。奥巴马政府 2012 年对伊朗能源领
域的制裁主要是要求从伊朗进口石油的国家减少进口
数量，但特朗普政府 2019 年 4 月则要求这些国家从
2019 年 5 月 2 日起完全停止从伊朗进口石油，直至将
伊朗石油出口完全"清零"。[①] 特朗普政府将对伊朗一
系列的制裁称为"极限施压"。

（2）针对支持伊朗石化和石油工业的国际网络的制裁

2020 年 1 月 23 日，OFAC 根据第 13846 号行政命
令，对中国香港众祥石化（Triliance）有限公司、嘉祥
工业香港有限公司、山东齐旺达石化有限公司和阿拉
伯联合酋长国实体 Beneathco DMCC 四家国际石化和石
油公司采取了制裁措施。美方认为，伊朗的石化和石
油部门是伊朗政府开展全球恐怖活动的主要资金来源，

---

① 金良祥：《评估伊朗对于美国极限施压的反制》，《现代国际关
系》2019 年第 11 期。

并为整个中东的恶性活动提供资金，这四家公司均从伊朗国家石油公司（NIOC）转移了总值几亿美元的出口产品，以支付运往阿拉伯联合酋长国和中国的伊朗石化产品、原油和石油产品，违反了美国经济制裁规定。

2020 年 3 月 18 日，美国国务院根据特朗普第 13846 号行政命令进一步对 7 个实体实施制裁，包括南非的 SPI 国际专营公司（SPI International Proprietary Limited）、中国香港麦克飞塑料有限公司（McFly Plastic HK Limited）、土星绿洲公司、海洋魅力运输公司（Sea Charming Shipping Company Limited）、大连金太阳进出口有限公司、大连天贻国际贸易有限公司和奥星船舶管理（上海）有限公司。理由是这 7 家企业均有意从事从伊朗购买、收购、出售、运输或营销石油化工产品的重大交易，违反了自 2018 年美国依据第 13846 号行政命令对伊朗重启的行业制裁。这 7 家企业中包括 3 家中国内地企业、3 家中国香港企业，以及 1 家南非企业。

（3）针对伊朗最大的钢铁、铝、铜和铁制造商的制裁

2020 年 1 月 10 日晚，OFAC 依据 2019 年 5 月 10 日特朗普签发的第 13871 号行政命令，发布对伊朗进行新的制裁，对象主要包括：伊朗最大的钢铁、铝、铜和铁制造商以及与之发生交易的相关实体，美国财政部指定了 17 家伊朗最大的钢铁、铜、铝等金属生产商和采矿公司；位于中国和塞舌尔的 3 个实体组成的网络；1 艘参与伊朗金属产品的购买、销售和转让及向伊朗金属生产商提供关键金属生产部件的船只。

此次制裁行动主要针对的是伊朗 13 个最大的钢铁制造商，这些制造商每年的总销售额达数十亿美元，比如 Mobarakeh 钢铁公司是中东最大的钢铁生产商，也是世界上最大的直接还原铁生产商。除了 Mobarakeh 之外，还包括 Saba 钢铁公司、Hormozgan 钢铁公司、Esfahan 钢铁公司、Oxin 钢铁公司、Khorasan 钢铁公司、South Kaveh 钢铁公司、伊朗合金钢铁公司、Golgohar 矿业和工业公司、Chadormalu 矿业和工业公司等。

制裁还包括伊朗钢铁的外国购买者和运输者，以及伊朗金属生产所需的关键材料的提供者。OFAC 还对伊朗铝和铜行业的顶级公司采取了行动，比如伊朗铝公司，是伊朗第一家铝砖生产商，约占其铝总产量的 75%，以及中东和北非地区领先的铜生产商伊朗国家铜业（National Iranian Copper Industries）等。

（4）针对伊朗建筑、采矿、制造和纺织行业的制裁

2020 年 1 月 10 日，特朗普新签署第 13902 号行政命令（Executive Order 13902，以下简称"EO 13902"），将对伊朗的制裁进一步扩大至建筑、采矿、制造和纺织行业，并为今后对伊朗经济其他部门的制裁提供授权。制裁既涉及实体行业，也涉及外国金融机构。

此项命令针对的行业包括：伊朗的建筑业、采矿业、制造业、纺织业，或任何由美国财政部长征询国务卿后被认定的其他行业的个人和实体；在 2020 年 1 月 10 日后故意从事与目标行业有关的重要商品和服务销售、供应、转让的经营主体；为遭受财产冻结的个人和实体提供实质性协助或赞助的金融、物质、技术支持的任何主体；对遭受财产冻结的个人和实体直接或间接控制或拥有的财产，或已经以其名义采取行动的任何主体。

符合上述条件的个人和实体将被给予冻结制裁，即冻结其位于美国境内的财产、嗣后进入美国的财产以及被美国个人及实体（包括美国实体的外国分支机构）持有或控制的财产，禁止美国人士或从美国境内进行任何与上述财产的转移、支付、出口、支取相关的交易。

EO 13902 还规定将对从事如下特定金融交易的外国金融机构进行强有力的次级制裁：有意与伊朗建筑业、采矿业、制造业、纺织业以及由美国财政部长与国务卿协商后指定的其他行业，进行重大金融交易或为其提供交易便利的机构；有意与特别指定国民名单

（SDN Lists）中的受到资产冻结的伊朗主体进行重大金融交易，或为其交易提供便利的机构。

符合上述条件的外国金融机构将被禁止在美国开立代理账户（correspondent account）或通汇账户（payable-through account），或限制、禁止其在美国维持前述账户。

EO 13902 还规定，受到本轮行政制裁的外国人士将被暂停入境，或需获得特殊许可才能被准许入境。

此次行政命令公布的同日，美国驻伊朗特别代表布莱恩·胡克（Brian Hook）在 2020 年 1 月 10 日的新闻发布会上称，美国已经指定了 22 个组织和 3 艘船，这些船均参与了和伊朗的钢铁、铝、铜行业相关的活动。OFAC 也将 6 名个人、20 家实体及 1 艘船舶列入其特别指定国民名单。不仅被制裁的对象被列入了特别指定国民名单，由这些制裁对象控股超过 50% 的企业和组织也自动被列入特别指定国民名单。

2020 年 1 月 16 日，OFAC 宣布给予制裁实体 90 天的过渡期，即受此次行政命令影响的主体可以在行政命令颁布后的 90 日内逐步减少相应的交易行为而不受到制裁影响，即各方应在 2020 年 4 月 9 日之前终止在这些部门的任何可制裁交易。OFAC 同时指出，在此期间开展新业务的各方将会受到制裁。

（5）对特定人员的外交制裁

2020 年 1 月 10 日，美国国务卿蓬佩奥（Pompeo）

和财政部长姆努钦（Mnuchin）宣布，美国将依据第13876号行政命令对8名伊朗高级领导人追加新的制裁措施，其中包括伊朗最高国家安全委员会秘书阿里·萨姆哈尼（Ali Shamkhani）、伊朗武装部队副总参谋长雷扎·阿斯蒂安尼（Reza Ashtiani），以及伊朗革命卫队下属巴斯基民兵（Basij militia）的领导人和其他5名高级官员。美方认为，这些人在整个地区进行了伊朗的恐怖阴谋和野蛮运动，并参与谋杀了约1500名抗议的伊朗人。

2. 制裁的目的

从特朗普政府上台以来，美伊关系持续紧张，矛盾不断升级，美国对伊朗实施次级制裁的频率越发频繁。在禁止伊朗原油出口的基础上，将建筑业、采矿业、制造业和纺织业纳入制裁行列，意味着美国次级制裁范围显著扩大，不仅针对某些特定实体，更是广泛的全面制裁，其直接瞄准伊朗经济命脉和最大最重要的制造商，可谓是对伊朗采取的一系列"极限施压运动"。

美国对伊朗的制裁主要分为"初级制裁"和"次级制裁"。"初级制裁"主要限制美国公民或美国国民所有的经济组织开展与被制裁国有关的经济往来。违反"初级制裁"会导致相关主体承担美国法律下的民事或刑事责任，包括罚款、有期徒刑和其他惩罚措施。"次级制裁"是美国对被制裁对象进行制裁，同时限制第三国的组织或个人与被制裁对象进行业务往来。违反"次级制裁"将受到美国政府的惩罚性制裁措施。依据美国第 13846 号行政令，被制裁企业及个人将受到以下具体处罚：禁止美国金融机构在一年内向其提供总计超过 1000 万美元的贷款或信贷，以及为其提供汇款或结算业务；禁止在美国从事外汇交易；冻结其在美国或以后进入美国的所有财产及财产利益；禁止美国人投资或购买其股权或债务工具；限制或禁止其直接或间接地将商品、技术或服务进口至美国等。可见，美国对伊朗的制裁本质上是美国利用自身经济、政治和金融优势，对他国采取的单边制裁行为。在是否制裁、如何制裁、是否例外等问题上，美国政府具有极大的自由裁量权，[1] 其既是裁判员，又是运动员。比如 EO 13902 中规定，禁止对被制裁行业进行特定捐助，但与人道救助相关的农产品、食品、药品或医疗设备等物资捐助有例外豁免权，但美国总统在特定情形下有权取缔这一例外。可见，"次级制裁"已远超国际法所讨论的域外管辖权范畴，是"极具争议，且被普遍认为具有非法的'域外管辖'目的

---

① 叶大研、吴大伟、金方斐：《美国对伊朗能源领域制裁政策的解读与分析》，《国际石油经济》2018 年第 12 期。

与效果"。"次级制裁"旨在阻止非美国人员与伊朗开展业务。根据美国法律，现在非美国金融机构和非美国公司与伊朗被纳入 SDN 清单中的企业进行商业活动将面临较大风险，与 SDN 清单中的企业控股 50% 或更多股份的企业开展业务也存在较大风险。这些举措也表明，"次级制裁"将在美伊冲突的最新阶段发挥更大作用。

美国轮番制裁的最终目标非常清晰：对伊朗实施持续的外交孤立和经济极限施压，使其石油和关键部门出口清零，迫使伊朗在绝望中就一个新的全面协议展开谈判，并在谈判中单方面做出让步。正如美国国务卿蓬佩奥所说，他们寻求"饿死该政权"，"加速其国际贸易的迅速下滑"和"恢复民主"。相比于军事打击，经济制裁成本低、风险小、见效快。为此，美国寻求各种方法，对伊朗原油、石化、工业金属、贵金属等行业的个人和实体进行制裁，甚至是非伊朗的个人和实体。美国的制裁，增加了中东地区地缘政治的不稳定性，也进一步让世界看到了美元霸权的危险，促使一些国家一方面寻求伊朗之外的石油替代，另一方面为分散潜在的美元风险而努力。伊朗石油部部长赞加内认为，美国对伊朗和委内瑞拉实施制裁的主要目的之一是为其页岩油寻找市场，并以适合的价格出售来获得投资回报，这不仅是一个政治问题，也是一个经济问题，是通过欺凌行为来实现的。

3. 伊朗和国际社会应对制裁的措施

(1) 伊朗的应对措施

面对美国的全面封杀，伊朗毫不妥协，既不放弃石油出口，也针锋相对地采取对抗措施。对于人们普遍关注的原油出口问题，伊朗表示将尽一切努力继续出口石油，伊朗的石油出口不可能降为零。伊朗采取折价出售、灰色出口、出售国有资产、构建非美元结算机制等多种方式，来应对美国的封锁和制裁。

折扣价销售原油和凝析油。为促进石油出口，伊朗国家石油公司以大幅折扣价销售原油和凝析油。该公司提供的凝析油价格将比阿拉伯联合酋长国的离岸价低 6 美元/桶，并以比布伦特油价低 7 美元/桶的价格出售轻质原油，以低于布伦特油价 8.5 美元/桶的价格出售重质原油。同时，伊朗国家石油公司还取消对买家的一些资格要求，并降低买家的预付款金额。

通过灰色市场销售原油。自 2018 年 11 月以来，伊朗就不再向外界报告其原油产量和出口量，以不透明的方式规避外界压力。伊朗石油部门高官也表示，伊朗已动用所有资源在"灰色市场"出售石油，绕开美国对伊朗的制裁。根据分析，伊朗所希望利用的"灰色市场"可能包括：利用私人企业以较低的折扣转售，通过第三方间接出口（如俄罗斯），石油运输船只关闭定位信号或悬挂其他国家旗帜出口，以及通过周边邻国的陆上出口，甚至启用虚拟货币等。伊朗的应对措施效果如何还有待观察，但美国很难将伊朗的原油出口完全"清零"。①

构建非美元结算机制。为了维持原油出口和维持经济的正常运转，伊朗在积极探索绕过美国的监管，建立一个独立于美元体系之外的原油出口途径和贸易结算通道，伊朗原油主要进口国也面临如何选择新的政策措施应对制裁的问题。

这些探索主要有：一是要求欧洲建设"贸易往来支持工具（INSTEX）"以实现欧洲与伊朗之间的贸易结算，该机制已经于 2019 年上半年开始运营，但效果并不尽如人意；二是 2018 年与中国达成关于双边贸易本币结算的协议；三是构建支持伊朗与印度之间贸易结算的金融机制，该机制已经运行 1 年；四是与土耳其就双边贸易通过本币结算进行谈判；五是伊朗央行还在开发一种名为 PayMon 的黄金加密数字货币，以与

---

① 邹志强：《美国全面封杀伊朗的多重影响》，《第一财经日报》2019 年 5 月 20 日第 A11 版。

他国通过加密货币进行金融交易。这些对外贸易支付手段的探索不仅在一定程度上缓解了伊朗面临的结算困难，而且有可能为国际社会所效仿，成为削弱美元霸权的重要途径。[①] 尽管伊朗及其贸易伙伴均面临着种种制约，但这些尝试确实为伊朗石油行业在面临制裁时如何自救提供了新的可能性。

出售国有资产，缓解财政困难。伊朗政府计划通过出售国有资产筹集 400 万亿里亚尔（约合 30 亿美元），该数字是 2019 财年政府出售闲置和过剩国有资产的十倍。据悉，政府计划出售 18 家公司的股份。包括在德黑兰、大不里兹、阿巴斯、伊斯法罕等地国有炼油厂 20% 的股份，在 Tejarat 银行和 Mellat 银行各 17%、Saderat 银行 18.3%、Amin 再保险公司 11.44% 的股份。其他资产包括：波斯湾石化公司 18.96%、伊朗国家铜业公司 12.05%、Mobarakeh 钢铁公司 17.2%、伊朗 Khodro（IKCO）公司 14.04%、SAIPA 公司 23%、Pars 国家农牧公司 40%、国家投资公司 13.02% 的股份。[②]

出台刺激生产避免通胀政策。伊朗实施一项名为"生产证明阶梯"的计划。在美国"极限施压"制裁

[①] 金良祥：《评估伊朗对于美国极限施压的反制》，《现代国际关系》2019 年第 11 期。

[②] 资料来源于中华人民共和国商务部网站。

的情况下，为生产企业和银行提供充足的流动性以刺激国内生产，同时减少通胀压力。该计划第一阶段预计为生产企业提供总计 500 万亿里亚尔的融资，其中 65% 用于支持中小企业，目前已经提供了 6000 多亿里亚尔。①

调整经济增长战略。2020 年 3 月，伊朗第一副总统埃斯哈格·贾汉吉里（Eshaq Jahan-giri）下令制订伊历 1399 年支持非石油出口的一揽子计划。该项命令是落实最高领袖将 1399 年定为"生产飞跃年"的重要举措，由伊朗贸易促进组织（TPO）负责，伊朗合作、劳动和社会福利部还成立"生产飞跃年"特别工作组，致力于制订具体的量化目标和计划。

（2）国际社会对本轮制裁的反响和应对举措

在美国发布新的制裁令后，新冠肺炎疫情也在伊朗暴发。在本次制裁命令中，美国特别取消了此前人道主义援助领域捐赠的制裁例外，如食品、服装、药品等人道主义物资，导致伊朗出现药品和物资短缺等问题。伊朗总统哈桑·鲁哈尼（Hassan Rouhani）呼吁国际社会抵制美国对伊朗采取的非法制裁，得到国际社会的广泛响应。

阿拉伯联合酋长国能源部部长马兹鲁伊在 2020 年 1 月 8 日呼吁美伊双方采取行动，避免局势进一

---

① 资料来源于中华人民共和国商务部网站。

步恶化。他认为，如果美国和伊朗冲突加剧，导致本地区原油供应受到影响，OPEC 有能力填补供应缺口。

巴基斯坦总理伊姆兰·汗（Imran Khan）表示，伊朗一方面要抗击疫情，另一方面还要面临美国单边制裁，这"非常不公平"，他呼吁美国取消对伊朗的制裁。美国虽然宣称不对进入伊朗的药物和相关人道主义救援进行制裁，但其实施的金融制裁实际上阻止了伊朗从国外购买物资，航运制裁则影响了人道主义救援物资的运送。由于制裁导致伊朗在解决紧迫的卫生问题上缺乏足够手段，明显有违人道主义精神，严重影响伊方抗击疫情，也会严重影响联合国及其他国际组织对伊朗开展人道主义援助，中俄两国外交部也多次呼吁美方放弃对伊朗单边制裁。俄罗斯、伊朗、叙利亚、朝鲜、古巴、尼加拉瓜和委内瑞拉等常驻联合国代表团也已致函联合国秘书长安东尼奥·古特雷斯（António Guterres），请求立即取消妨碍各国抗击新冠肺炎疫情的单方面制裁。联合国秘书长古特雷斯与伊朗外长扎里夫（Zarif）通话时表示，美国取消制裁非常有必要。英国《卫报》网站曾称，慈善机构在对伊朗转移援助资金时遇到困难，在疫情面前，美国应当停止制裁。

由于美国本轮对伊朗的全面封杀政策使得伊朗的

原油进口国和经济伙伴都遭受了重大的经济损失。尤其是亚太和欧洲地区，作为伊朗出口的主要目的地，亚太和欧洲地区是美国制裁的间接最大受害方（见表3—1），他们对于美国的制裁均表示不满，欧盟国家、中国、俄罗斯以及土耳其等先后表示将继续推动与伊朗的合法贸易往来。但部分国家已经选择切断与伊朗的石油网络业务。在美国的"禁运令"执行过程中，印度是最重要的一环，是仅次于中国的伊朗原油第二大买主，也是伊朗在地理上的近邻，两国在能源供需方面有着非常强的互补依赖关系。许多印度企业担心会在未来遭受美国的连带制裁，纷纷选择舍近求远减少使用伊朗原油。自美国宣布开始制裁伊朗之后，很多保险公司已经拒绝为去伊朗进口石油的船只购买保险。

表3—1　　　　2012—2018年伊朗石油出口地区油量变化　　（单位：千桶/日）

	2012年	2013年	2014年	2015年	2016年	2017年	2018年
欧洲	162.0	128.0	117.0	111.4	497.3	755.0	442.6
亚太	1839.0	1085.2	992.2	969.7	1423.6	1370.0	1407.0
非洲	101.0	2.2	0.0	0.0	0.8	0.0	0.0
合计	2102.0	1215.4	1109.2	1081.1	1921.7	2125.0	1849.6

资料来源：OPEC，Annual Statistical bulletin 2019.

　　美国对伊朗制裁的不断升级也让国际社会意识到石油美元霸权的风险隐患。一旦美国对一些石油国的相关企业和金融机构进行限制，这些机构就无法正常接收海外汇款，进而靠石油出口的资金面临流动性困境。因此美元制约不仅会对伊朗经济造成巨大损害，也给其他国家的经济活动带来巨大风险，为此国际社会一直在寻求新的独立于美元之外的贸易结算机制以突破美元封锁。

　　从伊朗被美国制裁开始，欧盟就表示要为伊朗建立独立于美元的结算机制，以便继续与伊朗合作。法国、德国、英国欧洲三个伊核协议签署国家和中国立场一样，反对美国在伊朗问题上采取的域外管辖等做法，希望能在 2015 年《联合全面行动计划》（即《伊核协议》）框架下解决当前的伊朗问题。2019 年 1 月 31 日，法国、德国、英国三个国家宣布与伊朗联合建立贸易结算支持机制（INSTEX SAS）。贸易结算支持机制是在美国主导的全球金融体系之外运作的支付机制，这一专门结算机制旨在简化欧洲经济体与伊朗之间的合法财务汇款，采用 INSTEX 的企业就可以免受美国域外管辖相关的制裁。2019 年 2 月 2 日，比利时、丹麦、芬兰、荷兰、瑞典和挪威发表联合声明宣布加入贸易结算支持机制。这一机制扩大至 9 个成员国，是欧洲国家维护《伊核协议》所做出的重要努力。欧洲舆论认为，贸易结算支持机制是欧洲面临美国压力建立的一条对伊朗贸易渠道，也是对美国单边主义和美元霸权的有力回击，也明确表达了欧洲维护和伊朗合法贸易，以及执行《伊核协议》的决心。出于谨慎考虑，该机制建成时宣布只试行药品、医疗器械和农产品贸易，以"记账"方式减少资金跨境流动，尚未包括银行和石油交易。

伊朗和俄罗斯也在致力于设立一套两国间的银行结算机制，即俄罗斯的 SPFS 和伊朗的 SEPAM，以避开 SWIFT 服务，从而保护两国间金融交易免受第三国制裁。欧亚经济联盟也在设计一个无美元支付体系的共同制度，目前欧亚经济联盟已经与包括中国和伊朗在内的一系列合作伙伴签订了经贸合作协定，与埃及、以色列和印度的自贸协定也在谈判中。

在 2019 年 12 月伊斯兰国家召开"吉隆坡峰会"期间，马来西亚、伊朗、土耳其和卡塔尔四个国家表示可能效仿欧盟为伊朗建立一个类似 INSTEX 的交易机制，在多边贸易中使用黄金结算和以物易物方式，以应对潜在的美国经济制裁风险。

（四）本轮制裁对伊朗经济的影响

1. 对伊朗石油行业的影响

伊朗石油行业增加值占伊朗 GDP 的比重约为

20%，占政府收入的 80%，对伊朗发展至关重要。自 1979 年伊朗革命以来，伊朗的能源部门一直受到美国制裁的影响和限制，造成伊朗的陆上油田和石油行业的基础设施陈旧，需要大量投资。美国特朗普政府此次对伊朗的全面制裁，对伊朗石油行业影响巨大。

伊朗原油的产量与出口规模大幅下降，但出口规模不会清零。 美国制裁对伊朗油气行业的影响主要包括因缺乏买方而减少石油出口、因制裁而未能收到所售石油的付款和减少产量等方面。长期以来，伊朗一直试图重振其能源产业，但美国的制裁对其石油行业的发展确实产生了巨大的制约作用。每次制裁的开始和解除，都会对伊朗的原油产量和国际油价产生一定的影响。

2016 年年初，随着《伊核协议》的实施和对伊朗制裁的取消，伊朗的原油生产水平和出口能力逐步提升，产量从取消制裁前的 2016 年 1 月的 290 万桶/日增加到 2017 年的 386.7 万桶/日。OPEC 的月度石油市场报告显示，伊朗在 2017 年已成为 OPEC 第三大原油生产国，仅次于沙特阿拉伯和伊拉克。伊朗的石油出口也随之迅速增长，从 2015 年最低时的 108 万桶/日恢复到 2017 年的 212.5 万桶/日，基本恢复到 2011 年石油禁运前的水平。2018 年 5 月以来，受美国制裁的影响，伊朗的原油生产和出口逐步回落，到 2020 年 2

月，伊朗的原油产量仅有 208 万桶/日。美国国务卿蓬佩奥在 2020 年 1 月 10 日的新闻发布会上称，自制裁以来，伊朗的石油出口每天减少超过 200 万桶，石油收入减少了 80% 以上，90% 的外汇储备已经无法使用，伊朗总统鲁哈尼在 2019 年年底也承认美国的制裁使伊朗损失了超过 2000 亿美元。

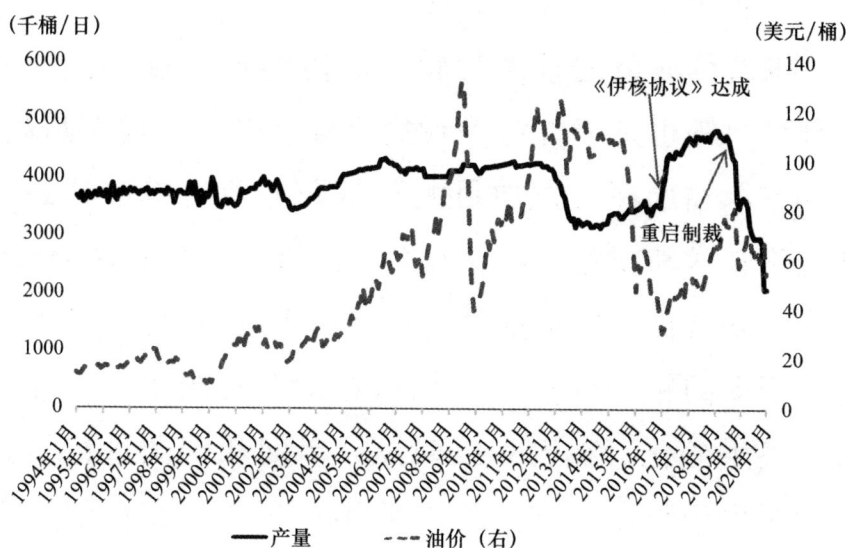

图 3—7　美国制裁对伊朗原油产量及布伦特原油价格的影响

资料来源：笔者根据 OPEC 和 Wind 相关数据整理。

伊朗油气行业投资受限。美国通过阻碍伊朗石油行业的融资和封锁技术，导致伊朗油气开发陷于停滞，在油气产量不断减少的同时，美欧还通过金融制裁致使伊朗油气开发缺乏必要资金。美国禁止其国民向伊朗石油业投资，这已使伊朗石油失去重要外资来源。

更严重的是，美国通过《达马托法案》及其后续法规，以域外立法的形式，阻止其他国家通过参与伊朗回购项目或其他方式为伊朗原油勘探开发提供资金。2010 年以后美欧进一步加大对伊朗的金融制裁力度，禁止国际金融机构为伊朗提供开户、结算、贷款和保险业务，禁止伊朗银行使用 SWIFT 国际资金清算系统，禁止用里亚尔进行贸易等。

油气行业遭遇技术封锁。对伊朗石油业的技术和零部件封锁也是美国对伊制裁的重要内容。因为制裁，伊朗的原油勘探开发项目尤其是海上项目得不到必需的先进技术和设备，油气开发无法进行。尽管从 OPEC 公布的各国钻井数量变化来看，从 2017 年至 2020 年 2 月，伊朗的钻井数量一直维持在 157 套的水平，几乎没有发生变化。在巴列维时期，伊朗从美国进口了大量油田生产设备，在之后的使用过程中，它们陆续需要维修和更换。由于美国的技术封锁，伊朗油田设备的维护和更换无法正常进行。[①]

2. 对伊朗对外贸易和吸引外资的影响

贸易规模下降，逆差上升。据欧洲统计局的数据，2019 年伊朗与欧盟成员国之间的贸易额为 52.2 亿欧

---

① 何韵等：《美欧对伊朗的石油制裁及其影响》，《世界经济政治论坛》2019 年第 1 期。

元，较 2018 年的 183.5 亿欧元下降 71.54%。德国、意大利和荷兰是伊朗在欧盟的前三大贸易伙伴，双边贸易额分别为 17 亿欧元、9.8 亿欧元和 5.1 亿欧元。另据伊朗海关数据，2019 年 3 月 20 日—2020 年 1 月 19 日，伊朗的食品和农产品贸易逆差达 57.8 亿美元，较上年同期翻了一倍，其中伊朗出口额为 46.7 亿美元，较上年同期下降 14.5%。

招商引资遭遇巨大困难。与伊朗发生业务往来的企业将在伊朗贸易中被禁止使用美国清算系统，同时，企业将被迫剥离其美国业务，因此实施制裁促使许多国际公司缩减甚至完全取消在伊朗的投资项目。欧盟曾建议寻求制定一项阻止性法规，以保护欧盟公司免受美国制裁，但是此举无异于对美国发动经济战争。在 2015 年解除对伊朗的制裁之后，欧洲在伊朗最有潜力的油田项目（法国道达尔在伊朗南帕尔斯天然气田第 11 期开发项目）被迫退出。此前，欧洲天然气服务公司林德（Linde）也由于美国的制裁，被迫退出一项提供关键的天然气液化技术的协议。在制裁迅速实施的前几个月，近 100 家外国公司宣布将放弃与伊朗的投资协议。例如，法国能源公司道达尔（Total）和中国石油天然气集团公司终止了与伊朗国家石油公司（NIOC）签署的 50 亿美元协议，该协议原本用于开发南帕尔斯（South Pars）气田。

表 3—2　　　　　　　　2016—2018 年部分伊朗油气投资情况

	项目名称	外方投资公司
2016 年	Kish（天然气）	Shell（荷兰）签署临时开发协议
2017 年	Tabriz（石油炼制）	SK Engineering & Construction（韩国，已终止）
	Shadegan（石油）	Tatneft（俄罗斯）
	Abadan（石油炼制）	中石化
	South Pars 第 11 期（天然气）	Total（法国，已退出合同）、中石油
	Kangan（石油炼制）	Hyundai Engineering & Construction（韩国，已退出合同）
	Esfanhan（石油炼制）	Daelim Industrial（韩国，已退出合同）
2018 年	Aban、Paydar Carb（石油）	Zarubezhneft（俄罗斯）
	Kish、Farzad-A Farzad B（天然气）	Gazprom（俄罗斯）
	Karanj（油田初步合同）	Pergas（由阿拉伯联合酋长国、英国、挪威、伊朗等国家的公司组成的国际财团，目前募资困难）

资料来源：何韵等：《美欧对伊朗的石油制裁及其影响》，《世界经济政治论坛》2019 年第 1 期。

外企涉足伊朗油气开发的意愿下降。奥巴马政府 2012 年以来的新一轮制裁，直接造成了伊朗 2012—2015 年没有任何新增的油气投资项目签约。这一轮石油制裁于 2016 年解除后，外国油企对伊朗石油开发表现出浓厚兴趣，仅 2016 年一年外国企业与伊朗签署的评估备忘录所涉及油田和气田就达 10 余处，2017 年伊朗与外国企业又达成多项油气协议，为近年来最多。但由于评估油田和气田需要一定时间，加上伊朗国内政治的复杂影响，多数评估合同并没有最终成为招标合同书。受美国特朗普政府再度重启对伊朗制裁的影响，伊朗上游开发项目再度面临停滞。2016 年以后签署的多个项目也面临着外方公司的退出，比如法国道达尔，韩国大林、现代以及 SK 工程建设都相继退出合同，而与中国、俄罗斯签署的项目也处于停滞观望的状态。

3. 对伊朗宏观经济的影响

伊朗的经济增长和财政收入高度依赖原油出口。美国退出《伊核协议》，对伊朗石油、金融、矿业等部门的制裁，可能给伊朗经济造成巨大困难，政局和社会不稳定隐患显著增多。

第一，原油、汽车产量大幅下降，经济陷入衰退。受制裁影响，伊朗原油日产量大幅下降，已经由 2017 年的 380 万桶降至 2019 年的 210 万桶，为 20 世纪 80 年代末以来的最低水平；汽车产量同比下降近 1/4。随着美国新的制裁措施生效，伊朗的建筑、制造、纺织和采矿等行业的产量将会大幅下滑。而且，新冠肺炎疫情已蔓延至伊朗各地，这将给不景气的经济和受制裁影响而削弱的医疗体系带来额外负担，预计伊朗的国内消费有可能创历史新低，经济将会陷入深度衰退，财政赤字将会大幅上升。

　　第二，出口收入大幅萎缩。伊朗原油日出口量已经由 2017 年的 250 万桶降至 2019 年年底的 30 万桶左右。随着制裁向矿产品、纺织、钢铁产品的进一步延伸，预计伊朗未来的出口收入将会出现断崖式下跌。预计伊朗 2019—2020 年的贸易逆差规模将可能达 200 亿美元左右。

　　第三，财政收入大幅下跌，财政赤字率显著上升。来自石油部门的财政收入下降 40%，财政赤字占 GDP 的比率升至 6.3%，未来数年预计维持在 5% 的水平上。

　　第四，汇率大幅贬值，通货膨胀率升高。伊朗央行的官方汇率虽稳定在 42000 里亚尔/美元，但 2019 年年底非官方汇率跌至 140000 里亚尔/美元，官方汇价仅相当于市场汇价的 30%。里亚尔大幅贬值导致伊朗的通货膨胀率快速攀升，2019 年的 CPI 升至 52%。

　　第五，失业率长期居高，贫困问题恶化。伊朗经济衰退已经导致失业率节节上升，由 2017 年的 12.08% 升至 2018 年的 14.48%，预计未来将进一步升至 2019 年的 16.78%、2020 年的 17.45%。缺乏就业机会会加剧伊朗的贫困状况，伊朗当前的贫困人口已从 2013 年的 8.1% 升至 2019 年年底的 12% 左右。

（五）本轮制裁对全球原油和国际经济的影响

1. 对全球原油市场的影响

美伊冲突对国际原油市场的影响体现在以下四个方面：一是以中东国家为主体的 OPEC 控制着全球原油四成的产量和六成的贸易量，伊朗控制的霍尔木兹海峡的原油运输量占全球总量的 33%。二是伊拉克等中东产油国可能在后续矛盾激化过程中被卷入武装冲突，引发原油产量下降。美伊军事冲突的地点集中于伊拉克，这将导致伊拉克的原油产量和出口量的下降。冲突升级也可能导致伊朗的邻国，如沙特阿拉伯、阿拉伯联合酋长国的原油产量下降，引发全球原油供给减少。三是投资者担忧美伊军事冲突会导致中东地区的原油供应中断的预期将显著上升，引发市场恐慌情绪。四是若伊朗因美国经济制裁而陷入政权不稳和社会动荡，将不可避免地影响中东地区原油生产和运输的安全，对国际原油供给产生较大的负面冲击。

鉴于美伊双方关系走向很可能是局部性的小规模冲突，不会发展升级为大规模热战，且冲突地点远离海湾地区，美伊冲突对国际原油价格的影响短期、

可控。具体原因如下。

第一，伊朗原油出口量很低，美国加大制裁力度不会对伊朗原油出口产生实质性影响。自2019年4月美国收回给予部分国家和地区的进口伊朗原油的豁免权后，原油进口国和进口企业因担忧会受到美国的次级制裁，几乎停止了从伊朗进口原油。目前伊朗的原油出口量很低，原油产量也因出口受限和资金短缺而持续大幅下滑。

第二，此次冲突并没有威胁到中东地区原油的生产及出口，对国际原油市场的影响更多表现为对供应中断风险的担忧，出现实质性供应中断的概率较低。

第三，即使伊拉克因被动卷入美伊冲突而导致原油的产量和出口量下降，OPEC的机动产油国沙特阿拉伯通常会配合美国而增加原油产量，以弥补全球原油供应缺口，平抑原油价格。

第四，随着美国页岩气革命的兴起和巴西、挪威、圭亚那等国家原油产量的增加，全球原油供应总体上较为宽松，中东地区在全球原油供应市场上的地位明显削弱，中东的原油产量下降可被美国等国的产量上升弥补。

第五，全球经济低迷和原油需求增速大幅放缓，新冠肺炎疫情在全球的大流行导致原油需求大幅下滑，以及可再生能源对石油等化石能源替代进程的加速，难以支撑国际原油价格长期而持续的上涨。

2. 对国际金融市场的影响

美伊冲突主要通过原油价格变动来影响国际金融市场。美伊冲突对全球金融市场的影响主要有四条传输途径：一是国际原油价格，与原油相关的期货价格、公司股票价格会逆势上涨；二是原油价格上涨会导致其他行业的能源成本上升，盈利水平下降，从而其股票下跌；三是原油价格上涨导致通货膨胀率上升，会增大各国中央银行提高利率的压力，会导致公司债券利率上升、股票价格指数下跌；四是地缘政治冲突和风险上升，国际投资者会产生恐慌情绪和避险动机，资金通常会流出风险较高的资产，流向一些避险资产和货币，如黄金、美国国债等，从而导致股票价格下跌，而黄金价格上涨，美国国债利率下降，美元汇率上升。

美伊冲突引发市场避险情绪，黄金价格飙升。许多新兴国家的中央银行以数十年来最快的速度囤积黄金。美伊冲突所带来的政治和金融不确定性，刺激市场规避风险的情绪上升，支撑黄金价格上涨。2019年6月25日，道琼斯工业指数下跌179点，跌幅为0.67%，并将黄金价格推升至六年来的新高。黄金价格自 2013 年 9 月以来首次突破 1430 美元/盎司大关。美国于 2020 年 1 月 3 日发动空袭击杀伊朗指挥官苏莱曼尼，导致美伊局势陷入紧张。2020 年 1 月 5 日晚，伊朗媒体称，伊朗宣布将不再遵守《伊核协议》的任何限制，美伊紧张局势已升级至沸点，进一步加剧了外界对更广泛冲突的担忧。2020 年 1 月 6 日，黄金价格急升至近 7 年高位，钯金价格突破 2000 美元/盎司。

美国通过国际金融手段对国际经济和外交事务施加影响，这促使各国寻求美元替代品。在 2008—2009 年国际金融危机之后，各国中央银行加大了购买黄金的力度，以分散外汇储备并减少对美国发展的敞口。在 2018—2019 年，由于全球经济增长缓慢以及贸易紧张局势造成的全球不确定性，黄金储备速度有所加快。尤其是与美国关系紧张的国家，通过增加黄金储备以保护自己免受制裁的影响。美国对伊朗的制裁严重限制了伊朗与美国银行或与美国金融系统有关的任何金融机构的业务往来。而作为商品交易的支付媒介，黄金则可以解决无法通过银行支付的问题。伊朗存在严重的通货膨胀问题，其通货膨胀率以每年 70% 的速度递增。在美国宣布制裁后，伊朗货币汇率暴跌。鉴于这些原因，美国对伊朗实施制裁导致伊朗对于黄金的需求大幅增加。在上一轮制裁中，黄金就被当作伊朗石油贸易的支付手段。伊朗对黄金的需求在 2018 年第

1 季度增长了两倍，达到三年来的最高水平。2019 年第 2 季度，全球以美元持有的外汇储备占外汇储备总额的比重从第 1 季度的 57.93% 下降至 57.76%。该份额已经连续三个季度下跌。

3. 对跨国公司伊朗业务的影响

美伊冲突将阻碍欧洲银行与伊朗展开业务。本轮制裁中，欧洲各银行所面临的问题是如何避开美国来开展伊朗业务。近几年，多家欧洲银行因违反制裁而遭受罚款。2013 年，苏格兰皇家银行因违反对伊朗、缅甸、古巴和其他国家的制裁，被美国当局罚款 1 亿美元。2014 年，法国巴黎银行支付近 90 亿美元，以解决其违反美国对苏丹、古巴和伊朗制裁的指控。德意志银行也因类似原因而被罚款 2.58 亿美元。鉴于这些教训，很多欧洲大型银行对伊朗仍然望而却步。

航空业受到本轮制裁的影响较大。目前，以欧洲空客和美国波音公司为主的航空制造企业，都停止了与伊朗的合作。美国波音公司损失了与伊朗 400 亿美元的订单。空客虽为欧洲企业，但由于其飞机上超过 10% 的零件都是由联合技术公司和通用电气公司等美国企业制造，因此受到美国出口限制。中国商用飞机公司也有类似的遭遇。此前伊朗提议以石油换取中国商用飞机公司 ARJ21 型客机，但由于中国民用客机国产化率只有 50% 左右，大部分系统和硬件是由美国企业供应的，因此中国和伊朗合作很可能会遭到禁运和制裁。除飞机制造商外，欧洲的汽车制造商也处于危险之中。法国汽车制造商标致雪铁龙集团在伊朗签署了价值 7 亿欧元的新生产协议，竞争对手雷诺也宣布投资新工厂，将产能提高至每年 35 万辆。受制裁影响，标致雪铁龙集团已暂停与伊朗合资企业的运营。

（六）本轮制裁对中国的影响

1. 对中国原油供应的影响

伊朗是中国重要的经贸合作伙伴，是中国重要的原油进口渠道，且中东地区是中国最为重要的能源供应地，中国 50% 以上的原油进口来自该地区，美伊冲突升级显然会对中国的石油供应安全形成威胁。美伊冲突对中国经济的影响主要是原油价格变动和原油供应安全问题。鉴于美伊冲突远离原油生产和运输密集的波斯湾地区，中东地区的原油生产和运输未受到影响，从而中国的原油供应问题未受影响。若伊朗因美国经济制裁陷入政局动荡，中国的利益受损将较大，不仅原油进口成本增加，原油供应中断风险上升，而且中国在伊朗的油气权益资产将严重受损。美国制裁伊朗和委内瑞拉的石油出口，导致国际市场中质含硫原油供应减少，价格上涨，而中国是中质含硫原油的主要需求方，致使中国被迫支付较高的原油进口价格，增加了进口成本。

表3—3　　　中国从中东五国进口原油数量、金额及占比

	进口规模	伊朗	伊拉克	科威特	沙特阿拉伯	阿拉伯联合酋长国
2015 年	进口额（亿元）	107	127	57	208	51
	进口量（百万吨）	27	32	14	51	13
	进口占比（%）	8	9	4	15	4
2016 年	进口额（亿元）	94	106	48	155	38
	进口量（百万吨）	31	36	16	51	12
	进口占比（%）	8	9	4	13	3
2017 年	进口额（亿元）	119	137	70	204	41
	进口量（百万吨）	31	37	18	52	10
	进口占比（%）	11	13	7	19	4
2018 年	进口额（亿元）	150	224	119	296	66
	进口量（百万吨）	29	45	23	57	12
	进口占比（%）	6	9	5	12	3
2019 年	进口额（亿元）	71	237	108	401	73
	进口量（百万吨）	15	52	23	83	15
	进口占比（%）	3	10	5	17	3

资料来源：CEIC 数据库及笔者计算。

中国从伊朗的原油进口大幅下降。2019 年 5 月以来，因美国豁免期截止，中国基本停止了从伊朗进口原油。2019 年，中国从伊朗进口了 1500 万吨原油，比上年大幅下降 1400 万吨，占原油进口的份额从上年的 6% 大幅降至 3%。与此同时，中国从中东五国的原油进口稳定增长，从 2017 年的 1.48 亿吨逐步增加至 2018 年的 1.66 亿吨和 2019 年的 1.88 亿吨，但其占中国原油进口的份额总体上有所下降，先由 2017 年 43% 降至 2018 年的 35%，后回升至 2019 年的 38%。沙特阿拉伯是中国在中东最大的原油进口国，进口规模稳步上升。2019 年，中国从沙特阿拉伯进口的原油份额达 17%（见表 3—3）。

2. 对中国进出口的影响

中国与伊朗的非原油行业贸易在制裁后受影响较大。2019 年，中国出口运输设备下降幅度最大，贱金属及制品下降幅度居中，电机产品有小幅下降，降幅分别为 1.7 亿美元、0.57 亿美元、0.28 亿美元。从中国进口伊朗产品来看，矿产品下降幅度最大，达 7 亿美元，化工产品、塑料和橡胶产品有小幅下降（见表 3—4）。

表3—4　　　　　　　　　中国与伊朗之间主要
　　　　　　　　贸易商品（非原油）的进出口　　　（单位：百万美元）

	中国出口			中国进口		
	运输设备	电机产品	贱金属及制品	矿产品	化工产品	塑料和橡胶产品
2015 年	173	188	215	1032	112	176
2016 年	194	195	170	954	96	175
2017 年	275	222	188	1217	110	191
2018 年	214	160	132	1426	115	196
2019 年	44	132	75	730	111	211

资料来源：CEIC 数据库及笔者计算。

3. 对中国企业的影响

过去几年中，多家中国运输公司因为开展和伊朗相关的运输项目已经遭遇制裁。在美国特别指定国民名单中，中国远洋运输、易航国际物流、高美航空、宏远船舶等均在列。2019 年下半年到 2020 年年初，美国已经屡次依据第 13846 号行政命令，就中国企业因明知却参与伊朗相关行业重大交易的行为实施次级制裁，并将其列入特别指定国民名单。

2019 年 7 月 22 日，美国对珠海振戎有限公司及其首席执行官进行制裁，理由是其有意从伊朗购买或获取石油。实施这些制裁会阻止珠海振戎有限公司在美国境内或在美国所有人拥有或控制下的所有财产和财产权益，并规定此类财产和财产权益不得为转让、支付、出口、撤回或以其他方式交易。此外，美国对珠海振戎有限公司的公司高级管理人员施加了若干限制，并禁止其进入美国。①

2019 年 9 月 25 日，美国根据第 13846 号行政命令，对中国中远集运（大连）有限公司、中远集运（大连）海员与船舶管理公司实施制裁，② 理由是其故意从事重大交易，从伊朗运输石油。制裁针对的是特定实体，而不针对其母公司或集团中的任何其他实体。这会阻止这些在美国或在美国所有人拥有或控制下的中国实体的财产和财产权益，并规定不得转让此类财产和财产权益。③

2020 年 1 月 10 日，美国政府借口伊朗政府利用其金属行业的收入来资助其破坏稳定的活动。美国国务院根据《伊朗自由与反扩散法》第 1245 条，制裁

---

① "The United States To Impose Sanctions on Chinese Firm Zhuhai Zhenrong Company Limited for Purchasing Oil From Iran", July 22, 2019, U. S. Department of State, https：//www. state. gov/the-united-states-to-impose-sanctions-on-chinese-firm-zhuhai-zhenrong-company-limited-for-purchasing-oil-from-iran/.

② "Issuance of Iran-related Frequently Asked Question", September 25, 2019, U. S. Department of the Treasury, https：//www. treasury. gov/resource-center/sanctions/OFAC-Enforcement/Pages/20190925. aspx.

③ "The United States Imposes Sanctions on Chinese Companies for Transporting Iranian Oil", September 25, 2019, U. S. Embassy in Georgia, https：// ge. usembassy. gov/the-united-states-imposes-sanctions-on-chinese-companies-for-transporting-iranian-oil-september-25/.

帕姆切尔贸易（北京）有限公司，因其从一家特别指定的伊朗公司转移 29000 吨钢铁。美国财政部同样根据第 13871 号行政命令，制裁 22 个实体和 3 艘船只，包括中国浙江的宏远船舶有限公司旗下的"宏迅号"轮船（音译）。因其在伊朗的钢铁、铝或铜行业从事经营活动及相关活动。美国总统还发布一项行政命令，授权对伊朗其他部门实施制裁，包括建筑、制造、纺织和采矿部门。此举将大大削弱伊朗的各种收入来源，[1] 同时影响到中国航运、金属、建筑、制造、纺织和采矿业的对外投资。这些实体在美国境内或由美国人拥有或控制的所有财产和财产权益将被封锁，并报告给 OFAC。OFAC 的法规将禁止美国人或在美国境内（或过境）在美国进行的所有涉及被禁或指定人员财产或财产权益的交易。此外，任何外国金融机构故意或为本次指定人员进行重大交易或为其提供便利，都可能受到美国的制裁。[2]

2020 年 1 月 23 日，美国国务院对山东齐旺达石化有限公司、中国香港的众祥石化有限公司和嘉祥工业香港有限公司施加制裁，理由是从伊朗运输石化产

---

① "Intensified Sanctions on Iran", January 10, 2020, U. S. Department of State, https：//www. state. gov/intensified-sanctions-on-iran/.

② "Treasury Targets Iran's Billion Dollar Metals Industry and Senior Regime Officials", January 10, 2020, U. S. Department of the Treasury, https：//home. treasury. gov/news/press-releases/sm870.

品。根据第 13846 号行政命令，美国还对众祥石化有限公司常务董事和齐旺达石化股份有限公司董事长兼法定代表人进行制裁。此外，美国财政部还认定众祥石化有限公司、香港欧意有限公司和百威实业有限公司协助或支持先前受制裁的伊朗国家石油公司（NIOC）。① 认定受美国管辖的企业和个人的所有财产和财产权益均被封锁，禁止美国人与其进行交易。此外，有意为认定的个人和企业提供重大交易或为其提供物质或某些其他支持的个人、企业或外国金融机构，可能会受到制裁的威胁，这些制裁可能会切断其进入美国金融系统的权限，或阻止其拥有美国管辖的财产和财产权益。②

2020 年 2 月 25 日，美国根据伊朗、朝鲜和叙利亚不扩散法案（INKSNA）制裁在中国的实体和个人。制裁实体包括：保定世贸企业服务有限公司、高碑店凯拓精密仪器有限公司、武汉三江进出口有限公司，理由是它们支持伊朗的导弹计划。美国对本报告中认定的个人或实体拟实施两年的制裁，制裁措施包括限制

① "The United States Imposes Further Sanctions on Iran's Petrochemical Industry", January 23, 2020, U.S. Department of State, https://www. state. gov/the-united-states-imposes-further-sanctions-on-irans-petrochemical-industry/.

② "Treasury Targets International Network Supporting Iran's Petrochemical and Petroleum Industries", January 23, 2020, U.S. Department of the Treasury, https://home. treasury. gov/news/press-releases/sm885.

美国政府采购、美国政府援助和出口。[①]

2020年3月18日，美国国务院根据第13846号行政命令对中国香港麦克飞塑料有限公司、大连金太阳进出口有限公司、大连天贻国际贸易有限公司和奥星船舶管理（上海）有限公司实施制裁，[②] 理由是这些实体有意从事从伊朗购买、收购、出售、运输或营销石油化工产品的重大交易。

总的来看，美国对伊朗的制裁包括一级和二级制裁，这意味着，不仅美国的企业和个人，而且外国的企业和个人，均不允许与伊朗的石油、建筑、制造、纺织和采矿行业以及17家大型钢铁制造商和矿业公司进行任何交易或提供交易的便利。由于美国在国际金融市场、国际货币结算系统和国际经济领域的绝对优势地位，美国的制裁具有很大的杀伤力。在这一方面，中国企业的教训深刻，如昆仑银行、中兴和华为等，曾先后因与伊朗的交易问题受到美国的严厉制裁，经济损失巨大。中国与伊朗经贸关系较为密切，势必会加大中国企业的合规经营风险。

---

① "New Sanctions under the Iran, North Korea, and Syria Nonproliferation Act（INKSNA）", February 25, 2020, U. S. Department of State, https：// www. state. gov/new-sanctions-under-the-iran-north-korea-and-syria-nonproliferation-act-inksna/.

② "Sanctions on Entities Trading in or Transporting Iranian Petrochemicals", March 18, 2020, U. S. Department of State, https：//www. state. gov/sanctions-on-entities-trading-in-or-transporting-iranian-petrochemicals/.

（七）对策建议

第一，**密切关注事态发展，避免过度卷入美伊冲突，做好风险应急预案**。鉴于美伊局部冲突的长期化，中东原油供应安全风险将显著上升。中东地区是中国最为重要的能源供应地，中国50%以上的原油进口来自该地区，美伊冲突升级显然会对中国的石油供应安全形成威胁。尽管目前美伊直接开战意愿较低，爆发大规模热战的可能性小，但也不排除一方失去理性、局势失控的可能性。若中东地区出现热战，不仅中东的原油产量和出口量会大幅下降，而且霍尔木兹海峡的原油运输会受阻，导致全球原油供应中断，原油价格将飙升。作为利益攸关方和常任理事国，中国应密切关注事态发展，适当给予伊朗道义上的支持，推动美伊冲突逐步降温。为预防石油供应中断风险，中国应做好应急预案，适当增加原油的战略和商业库存，维护中国原油供应安全。

第二，**充分利用全球原油供应较为宽松的有利时机，加快推进中国原油进口渠道多元化**。一是以中美达成第一阶段贸易协议为契机，大幅增加对美原油的进口。中美原油贸易具有广阔的发展前景，中国从美国的原油进口量有望快速攀升至数百亿美元，这将显著降低中国对中东原油的依赖度。不过，中国应避免对美国原油进口形成过度依赖。二是开拓中国原油进口渠道，扩大中国与俄罗斯、中亚、拉美（巴西和阿根廷）、西非、加拿大等国家和地区的原油贸易量。三是既要增加进口来源国家的数量，也要选择产业独立性较高的石油供应国家，以增加整体供应的风险分散能力。四是丰富原油进口运输方式，以安全、稳定和高效为基本标准，建立原油进口输送渠道。五是促进原油进口贸易方式的多元化发展，在以长期合同为主、保证原油供给的安全的基础上，积极开发和探讨多元化的贸易模式，规避价格风险。

第三，建设国家海上力量，加强国际反恐合作，防范能源供应和运输风险。作为一个负责任的大国，中国应积极推进政局动荡地区的政治和解进程，维护全球能源供应和运输的安全。加强与油气资源国、油气管网沿线国家和海上运输通道沿岸国家的反恐合作，协助其提高应对恐怖袭击的能力，共同维护能源供应地及能源运输通道的安全。建设与中国经济发展相适应的国家海上力量，逐步加强对马六甲海峡等能源运输通道的掌控力，推进瓜达尔港等能源运输通道重要节点港口的建设，深化与皎漂港、科伦坡等港口的合作。

第四，金融机构和企业需要高度关注伊朗业务的

合规经营问题。对中国企业来讲，美国对伊朗制裁给中国航运和贸易企业所带来的影响是无法回避的现实。目前美国的制裁范围已经基本覆盖伊朗所有重要工业行业，包括石化行业，汽车行业，能源、海运、造船业或港口运营行业，铁、钢、铝、铜行业，以及建筑、采矿、制造和纺织业。制裁的对象不仅包括伊朗的实体和个人，还包括与伊朗有相关业务往来的国外企业，因此与伊朗实体进行业务往来的风险大大提高。企业一旦遭遇次级制裁，还将面临一系列组合式的禁令（如第 13846 号行政命令中所列出的措施），不仅会造成被制裁企业及其控股企业的经营困难，还会使企业高管遭遇严厉的个人制裁。对此，中国相关企业应当更加重视交易前的尽职调查和项目评估，可能还需要减少与伊朗方面直接接触从而降低经营风险。企业不仅应当关注自身交易可能带来的制裁风险，对于企业所有或控制的子公司，也应当进行合理的合规审查。企业高管更应当重视所在企业的合规性，切实履行制裁合规体系中的重要环节，并做好事前、事中和事后评估，及早建立风险防范机制，适时寻求法律援助。

参考文献

陈清如、刘炯天主编：《中国洁净煤》，中国矿业大学出版社 2009 年版。

国家可再生能源中心、国家发展和改革委员会能源研究所可再生能源发展中心编著：《国际可再生能源发展报告 2017》，中国环境出版社 2017 年版。

国家可再生能源中心、国家发展和改革委员会能源研究所可再生能源发展中心编著：《中国可再生能源产业发展报告 2017》，中国经济出版社 2017 年版。

中国社会科学院世界经济与政治研究所《世界能源中国展望》课题组：《世界能源中国展望 2015—2016》，中国社会科学出版社 2016 年版。

［美］林伯强主编：《中国能源发展报告 2018》，北京大学出版社 2019 年版。

何韵等：《美欧对伊朗的石油制裁及其影响》，《世界经济政治论坛》2019 年第 1 期。

金良祥：《评估伊朗对于美国极限施压的反制》，《现代国际关系》2019 年第 11 期。

李华杰、马丽梅：《对近年来我国海外能源投资发展的分析》，《中国能源》2018 年第 4 期。

李江涛 等：《基于情景的世界能源展望归纳研究（2019）》，《能源》2019 年第 8 期。

邹志强：《美国全面封杀伊朗的多重影响》，《第一财经日报》2019 年 5 月 20 日第 A11 版。

王永中，中国社会科学院世界经济与政治研究所世界能源研究室主任、研究员，经济学博士，博士生导师。研究领域：国际投资、国际能源和货币经济。曾在日本经济研究中心和美国波士顿大学从事学术访问研究。著有《中国外汇冲销的实践与绩效》《中国主权财富投资的理论、问题与对策》（合）和《中国海外投资国家风险评级报告》（合），在《世界经济》《经济学动态》《金融评论》《国际经济评论》、*China & World Economy* 等期刊发表学术论文数十篇，主持国家社科基金课题、中国社会科学院、国家部委、地方政府、金融机构和中央企业交办与委托的课题十余项。

田慧芳，中国社会科学院世界经济与政治研究所世界能源研究室副主任、副研究员，曾赴加拿大多伦多大学、瑞典哥德堡大学、加拿大西安大略大学进行中长期学术访问。研究领域涉及国际贸易与发展、气候政策与 CGE 建模、能源转型、全球治理等。在《世界经济》、*Journal of Policy Modeling*、*Climate Change Economics*、*China and World Economy* 等期刊发表论文多篇，主持和参与的重要科研项目包括国家社科基金重大项目、亚太经合组织"绿色金融"项目、东盟与东亚经济研究所"循环经济"项目、财政部 G20 课题、"改革开放四十年百县调研·福建长汀"项目等。曾多次受邀参加二十国集团智库（T20）、亚洲开发银行（ADB）、东盟和东亚经济研究所（ERIA）、联合国环境署（UNEP）、联合国开发计划署（UNDP）、金砖国家智库等举办的系列国际研讨会并发表主题演讲。